Stephanie Cech-Wenning

KINDER ENTDECKEN DEUTSCHLAND

Klasse 3–5

Arbeitsblätter für den Sachunterricht
mit digitalen Übungen und Zusatzmaterialien

Verlag an der Ruhr

Titel
Kinder entdecken Deutschland
Arbeitsblätter für den Sachunterricht mit digitalen Übungen und Zusatzmaterialien

Autorin
Stephanie Cech-Wenning

Titelbildmotiv
Deutschlandkarte © Beskova Ekaterina – Shutterstock.com

Illustrationen
alle Icons (außer Deutschlandkarte): Anja Boretzki
Icon-Deutschlandkarte: Verlag an der Ruhr
Link-Icons © Venomous Vector – Shutterstock.com

Druck
Athesia Druck GmbH, Bozen, IT

Verlag an der Ruhr
Mülheim an der Ruhr
www.verlagruhr.de

Bitte beachten:
In diesem Werk verlinken wir in Form von QR-Codes sowohl auf verlagseigene Inhalte als auch auf Angebote Dritter. Angebote Dritter prüfen wir bestmöglich zum Zeitpunkt der Drucklegung, sind dafür jedoch inhaltlich nicht verantwortlich.

Verlinkungen auf verlagseigene Inhalte sind durch folgendes Icon und den Zusatz **„Digi-Check“** gekennzeichnet:

Verlinkungen auf externe Angebote Dritter sind wie folgt markiert:

Geeignet für die Klassen 3–5

ISBN 978-3-8346-6701-4

PEFC-zertifiziert
Dieses Produkt stammt aus nachhaltig bewirtschafteten Wäldern und kontrollierten Quellen
www.pefc.de
PEFC/18-31-166

In jeder Klasse blicken Sie die Augen ganz unterschiedlicher Kinder an. Sie spiegeln die Vielfalt unseres Landes wider. Aber all diese Kinder haben eines gemeinsam: Sie leben in Deutschland und dies gilt es gemeinsam zu erforschen. So machen Sie sich mit den Angeboten dieses Heftes auf den Weg, Ihren Schüler*innen[1] ganz viel Wissen über Deutschland zu vermitteln. Sie lassen die Kinder spannendes Neues entdecken, geben Angebote, mit denen sie ihr Wissen vertiefen und gesichert lernen können. Vielleicht gibt die ein oder andere Aufgabe ja auch Anlass, das Klassenzimmer zu verlassen und sich einen Fluss, See, Berg oder eine Sehenswürdigkeit vor Ort anzuschauen? Zugleich nehmen Sie sich mit Ihren Schüler*innen zwischendurch auch einmal Zeit, über die Vielfalt in unserem Land nachzudenken – ohne die es ziemlich langweilig wäre.

ZUM AUFBAU DES HEFTES

Das Material eignet sich zur Bearbeitung für die **Klassen 3–5** und enthält zahlreiche Arbeitsblätter als Kopiervorlagen, die für die selbstständige Bearbeitung gedacht sind.

Das Heft ist in folgende **6 Kapitel** gegliedert:

1. Deutschland allgemein

2. Die deutschen Bundesländer

3. Die Geschichte Deutschlands

4. Die Menschen in Deutschland

5. Städte und Sehenswürdigkeiten

6. Flüsse, Seen und Berge

Die **Kapitelüberschriften** geben einen Hinweis auf den jeweiligen thematischen Schwerpunkt der einzelnen Kapitel. Dabei finden Sie die hier dargestellten Logos auch im Inhaltsverzeichnis sowie auf den Seiten der Arbeitsblätter zur besseren Zuordnung wieder.
Wenn Sie die Materialien in Ihrem Unterricht einsetzen, können Sie sie **komplett anbieten, aber auch nur einzelne Kapitel oder Seiten auswählen**. Grundsätzlich bauen die Kapitel und Seiten innerhalb der Kapitel thematisch aufeinander auf, können aber auch losgelöst voneinander oder in einer variablen Reihenfolge bearbeitet werden.

Das **Inhaltsverzeichnis** gibt Ihnen einen Überblick über alle Angebote in und zu diesem Buch. Hinter jedem Angebot ist zusätzlich ersichtlich, ob es eine **Lösung, Zusatzmaterialien zum Downloaden** gibt, ob **interaktive Übungen** vorhanden sind oder **Verlinkungen** zu passenden Internetseiten für die Kinder genutzt werden können.

VORBEREITUNG

Bevor Sie mit dem Material starten, wählen Sie die für Ihren Unterricht relevanten Themen aus und tragen sie entsprechend im **„Mein Deutschland-Arbeits-Pass"** (Blankovorlage S. 8) ein. Zudem haben Sie die Möglichkeit, auf einen bereits ausgefüllten **digitalen Arbeits-Pass** zuzugreifen und ihn, entsprechend Ihrer Auswahl, anzupassen (editierbar). Sie finden ihn unter Zusatzmaterialien zum Downloaden (siehe Hinweis S. 7).

Des Weiteren können Sie auf dem Arbeits-Pass ankreuzen, welche **Angebote für die Kinder verpflichtend und welche freiwillig** sind. Die Kinder haben die Möglichkeit, auf dem Arbeits-Pass ein bearbeitetes Angebot abzuhaken. Ebenso können Sie oder aber auch die Kinder mit einem Kreuz oder einem Namen bzw. Namenskürzel bestätigen, wenn das Angebot kontrolliert bzw. vorgestellt oder gemeinsam besprochen wurde.

[1] *Der Verlag an der Ruhr legt großen Wert auf eine geschlechtergerechte und inklusive Sprache. Daher nutzen wir neutrale Formulierungen oder das Gendersternchen, um alle Menschen unabhängig von Geschlecht oder Geschlechtsidentität einzuschließen. In Texten für Schüler*innen finden sich aus didaktischen Gründen neutrale Begriffe bzw. Doppelformen.*

Alle Angebote sind selbsterklärend und für **das selbstständige Arbeiten** gedacht. Selbstverständlich können Sie aber auch bestimmte Inhalte gemeinsam im Plenum mit Ihren Schüler*innen erarbeiten und besprechen. Auf jeder Seite haben Sie daher die Möglichkeit, die von Ihnen gewünschte Sozialform auszuwählen. Entsprechend der Schüleranzahl, die eine Aufgabe bearbeiten soll, kreuzen Sie die Logos vor dem Kopieren oben auf den einzelnen **Arbeitsblättern** an:

Einzelarbeit ☺

Partnerarbeit ☺☺

Gruppenarbeit ☺☺☺

WICHTIG:

Für die beiden Angebote **„Millionen Menschen leben hier"** (S. 36) und **„Verschieden sein ist gut!"** (S. 37) ist bereits der Hinweis auf Partner- bzw. Gruppenarbeit vermerkt, da dies unbedingt zur Bearbeitung der Aufgaben nötig ist.

Das Material kann im Klassenraum in Ablagekörben, Kartondeckeln, in Hängeregistern, in Klarsichtfolien an Magnethaken an der Tafel oder Ähnlichem den Kindern zur Verfügung gestellt werden. Dazu können Sie die Arbeitsblätter in entsprechender Anzahl kopieren. Ebenso können Sie Infotexte, wie z. B. **„Die Geschichte Deutschlands"** (S. 26), als laminierte oder in einer Klarsichthülle geschützte Version anbieten und so immer wieder verwenden.

Wenn Sie möchten, können Sie zu den Angeboten die fertigen **Lösungen** (S. 9) nutzen sowie weitere Lösungsseiten anfertigen und als Kontrollseiten an den entsprechenden Stationen auslegen. Diese Kontrollseiten könnten den Kindern bei Schwierigkeiten auch als Hilfestellung dienen. Durch die Möglichkeit der Selbstkontrolle wird Ihr Korrekturaufwand als Lehrkraft reduziert. So müssen Sie nur noch punktuell überprüfen und haben Freiraum für individuelle Unterstützungen während der Arbeitsphasen.

Zusätzlich benötigtes Material

- eine große Wandkarte von Deutschland (normalerweise im Schulbestand vorhanden)
- mehrere kleine Deutschland- und Europakarten für die Arbeit an den Tischen (z. B. aus Schulatlanten oder kostenlos bestellbar bei der Bundeszentrale für Politische Bildung)
- Papier, Farbstifte, Schere, Klebestifte
- Ausstellungstisch oder Präsentationswand
- digitales Endgerät bzw. Möglichkeit, ein digitales Endgerät inklusive Kamerafunktion sowie Internetzugang zu nutzen
- zwei große Plakate für das Arbeitsblatt **„Deutschland – Das weiß ich schon, das will ich wissen"** (S. 12), damit die Kinder entweder ihr vorhandenes Wissen oder ihre Fragen zum Thema Deutschland aufkleben können
- Für die **Sprachen-Scheibe** (S. 38) benötigen die Kinder außerdem noch jeweils eine Musterbeutelklammer und z.B. eine Prickelnadel.

Die Kinder können die bearbeiteten Aufgaben samt Arbeits-Pass in einem **Schnellhefter, Ringbuch oder Heft sammeln**. So gehen die Arbeitsergebnisse nicht verloren, dokumentieren den Arbeitsprozess und stellen am Ende ein Nachschlagewerk für später dar. Ebenso kann die so entstandene **Deutschland-Mappe** verschönert werden: Ein selbst kreiertes Deckblatt, vielleicht mit einem schön gestalteten Titel und selbst gezeichneten Bildern oder zur Thematik passenden Fotos runden die Mappe ab.

Vor der eigentlichen Arbeit sollten die Kinder an den **Umgang mit Landkarten herangeführt** worden sein. Dabei müssen sie sich auf einer Landkarte orientieren und eine einfache **Legende lesen** können. Wichtig ist auch, dass sie sich schon einmal mit dem **Maßstab** vertraut gemacht haben und somit das Verhältnis von Kartengröße und Realität erkennen können. Zudem sollten die Kinder mit dem **Einlesen eines QR-Codes** vertraut sein und wissen, wie man ein digitales Endgerät (Wischen mit den Fingern, Umgang mit der Computermaus etc.) bedient. So können sie die digitalen Zusatzangebote eigenständig nutzen.

Einstieg und Arbeit mit dem Material

Der konkrete **Einstieg** in die Thematik kann gemeinsam im Klassenverband auf unterschiedliche Arten erfolgen: So könnten Sie den Kindern eine **Deutschlandkarte** zeigen und erst einmal mit ihnen auf Entdeckungsreise gehen. Eine weitere Möglichkeit bietet natürlich die **Abfrage** mithilfe des Arbeitsblattes **„Deutschland – Das weiß ich schon, das will ich wissen"** (S. 12). Hiermit können Sie sich einen Überblick über den Wissensstand Ihrer Schüler*innen verschaffen und wissen, wo Sie weiter vertiefend arbeiten können. Ebenso ist es für Kinder sehr motivierend, wenn sie ihren Lernstand mitteilen können. Die Fragen der Kinder können Sie dann im Verlauf immer mal wieder in den Blick nehmen. Sie können damit überprüfen, ob sie während der thematischen Auseinandersetzung schon beantwortet wurden oder ob es am Ende noch einer Besprechung bedarf.

Wenn Sie mit einem Text in die Thematik einsteigen wollen, bieten sich die Arbeitsblätter **„Deutschland liegt in Europa"** (S. 13), **„Millionen Menschen leben hier"** (S. 36) oder das **„Deutschland-Gedicht"** (S. 18) an.

Der **zeitliche Rahmen** für die Unterrichtseinheit kann sehr stark variieren und richtet sich nach der Anzahl der Aufgaben, die Sie ausgewählt haben. **Zwischenreflexionen** über die Arbeitsstände sind bei längeren Arbeitsphasen sinnvoll. Ebenso stellen **einzelne Stunden** zwischendurch, in denen bestimmte Inhalte gemeinsam noch einmal betrachtet und besprochen werden, eine gute Möglichkeit des Austausches und der Vertiefung dar.

Auf jeden Fall sollten Sie, wenn sich die Schüler*innen frei mit den Aufgabenangeboten beschäftigen, zu Beginn sowie ggf. in regelmäßigen Abständen während der Arbeit einige **Verhaltens- bzw. Arbeitsregeln** besprechen.

Folgende Regeln haben sich als nützlich erwiesen:

- Ich arbeite leise und störe niemanden.
- Ich unterhalte mich mit anderen Kindern im Flüsterton.
- Ich verhalte mich freundschaftlich.
- Ich halte Ordnung und räume auf.
- Ich sammele meine Arbeiten in der Deutschland-Mappe.

Interaktive Übungen, Internetverlinkungen und Zusatzmaterial

Auf vielen Seiten finden Sie zu den Aufgaben **interaktive Übungen,** mit denen das Gelernte gefestigt und das Wissen überprüft werden kann. Diese interaktiven Übungen sind extra für die Inhalte dieses Buches entwickelt worden und stellen ein freiwilliges zusätzliches Angebot dar. In motivierender, kindgerechter Art und Weise, z. B. mit Rätseln, werden noch einmal einige Lerninhalte in den Fokus gestellt und fordern von den Kindern eine wiederholende oder vertiefende Bearbeitung. Damit die Kinder das Angebot nutzen können, benötigen sie ein digitales Endgerät mit Kamera sowie die Möglichkeit, das Internet zu nutzen. Je nach Gerät reicht es aus, mit der Kamera den QR-Code einzuscannen. Mit einem Klick öffnet sich dann die dazugehörige Übungsaufgabe, die interaktiv gelöst wird. Die Kinder bekommen bei den Übungen immer direkt ein Feedback, ob z. B. die ausgewählten Antworten oder die Zuordnungen richtig waren. Digitale Angebote, die interaktive Übungen bereithalten, erkennen Sie an dem Symbol:

DIGI-CHECK
Teste dein Wissen.

Die Kinder werden also durch die QR-Codes, die mit diesem Symbol versehen sind, auf **verlagseigene interaktive Inhalte** geleitet (H5P-Übungen).

Ein weiteres Angebot, um sich vertiefend mit einigen Inhalten auseinanderzusetzen, sind die **Verlinkungen zu kindgerechten Angeboten im Internet**. Kleine Infofilme, Infotexte, Lieder etc. unterstützen das Lernen. Sie finden auf den Arbeitsblättern dafür folgendes Symbol:

Die Kinder werden also durch die QR-Codes, die mit diesem Symbol versehen sind, auf **Seiten von Drittanbieter*innen im Netz** geleitet.

Auch diese zusätzlichen Angebote sind für die grundlegende Erarbeitung nicht erforderlich, können den Kindern aber auf motivierende Weise weiteres interessantes Wissen vermitteln oder vertiefende Informationen bieten. Damit die Kinder das Angebot nutzen können, benötigen sie ein digitales Endgerät mit Kamera sowie die Möglichkeit, das Internet zu nutzen. Je nach Gerät reicht es aus, mit der Kamera den QR-Code einzuscannen. Mit einem Klick öffnet sich dann die dazugehörige Internetseite.

Darüber hinaus finden Sie weitere **Zusatzmaterialien zum Downloaden**. Dabei handelt es sich zum einen um zusätzliche Arbeitsblätter, die verschiedene Themen rund um das Oberthema „Deutschland" beleuchten:

- **Berühmte Menschen in Deutschland**
- **Der erste Computer**
- **Das erste Auto**
- **Deutschland-Quiz**

Die ersten **drei Angebote** ergänzen das Kapitel 3 und geben interessante Einblicke in Themen, die bis heute Auswirkungen auf unseren Alltag haben. Das **Wissensquiz** ist ein spannendes Quiz, das gegen Ende der Unterrichtseinheit eingesetzt werden kann und viele Inhalte noch einmal im Spielformat präsent werden lässt. Es eignet sich für die Partnerarbeit, aber auch für die Arbeit im Klassenverband.

Darüber hinaus finden Sie im Download auch einen vorausgefüllten **Arbeits-Pass** und je eine **Landkarte von Deutschland** und **Europa**.
Wie bereits auf S. 4 angedeutet, handelt es sich bei dem Arbeits-Pass um ein editierbares Dokument, aus dem Sie bequem Inhalte herauslöschen können, um die Menge individuell anzupassen.
Die **Landkarten** können Sie einsetzen, falls Ihnen kein Kartenmaterial im Klassenraum zur Verfügung steht.

Ihr persönlicher Zugang

Die Zusatzmaterialien können Sie unter folgendem Link oder über das Einscannen des QR-Codes herunterladen:

https://cloud.verlagruhr.de/login-lerninhalt/VAQgXrIb3OZY
Passwort: Deutschland

Sollten der Link und der QR-Code ihre Gültigkeit verlieren, wenden Sie sich bitte an digitaleslernen@verlagruhr.de

Mein Deutschland-Arbeits-Pass

! = Pflichtaufgabe
★ = Wahlaufgabe

von: .... Datum: ....

!	★	Angebot	erledigt	kontrolliert

Unser Landeswappen (S. 17)

Aufgabe 2:

L	E	B	E	N	S	K	R	A	F	T	P	S	A
E	H	D	T	B	Y	U	J	O	N	H	I	K	G
O	L	M	I	F	J	Q	U	E	T	I	V	E	O
P	S	U	D	R	H	R	H	T	W	D	S	M	T
P	T	T	E	E	K	S	I	O	J	B	E	H	T
I	A	N	C	I	O	E	A	N	S	X	A	I	H
K	E	V	U	H	I	T	C	R	O	D	A	C	E
J	R	R	S	E	I	C	T	X	N	A	H	N	I
D	K	C	Z	I	M	A	U	N	N	E	I	P	T
H	E	M	E	T	G	Q	M	T	E	I	H	Z	R

Deutsche Erfindungen (S. 33)

F	A	L	L	S	C	H	I	R	M	P	A	K	E	T
K	H	G	A	M	A	T	P	D	S	B	A	X	T	Y
M	D	F	U	V	U	M	A	L	M	R	F	T	C	N
O	O	N	T	H	Y	R	N	U	U	I	Z	A	Z	W
T	M	H	O	V	S	O	N	G	E	L	U	Z	K	Q
O	T	P	M	A	A	E	E	H	Y	L	I	F	J	I
R	T	R	O	T	W	N	S	A	P	E	G	P	F	D
R	R	G	B	S	X	T	T	E	G	N	U	B	V	M
A	B	S	I	D	H	G	R	K	E	G	M	S	U	S
D	N	T	L	P	D	E	A	X	F	L	M	N	U	S
C	G	E	C	E	B	N	S	Q	R	A	I	G	H	L
O	O	L	P	U	B	S	S	A	P	E	B	P	J	D
M	B	E	K	S	A	T	E	I	V	S	A	U	A	Y
P	L	F	L	Q	T	R	N	Y	W	E	E	E	N	I
U	L	O	O	M	L	A	B	N	N	R	R	H	L	P
T	K	N	Y	Z	W	H	A	K	U	I	C	S	T	P
E	C	B	C	F	C	L	H	H	T	Z	H	X	A	U
R	C	F	T	E	A	E	N	N	Q	B	E	B	P	J
G	H	E	E	O	Y	N	R	V	U	X	N	T	Z	N
G	L	E	I	T	F	L	U	G	Z	E	U	G	Q	B

Die fünf längsten Flüsse in Deutschland - Tabelle (S. 49)

Name Flusses	Quelle/Entstehung	Mündung	Länge insg.	Länge in Deutschland
Rhein	Schweiz	Nordsee	1233 km	865 km
Main	Fichtelgebirge/2 Flüsse: Roter und Weißer Main	in den Rhein	524 km	524 km
Donau	2 Flüsse im Schwarzwald: Brigach und Breg	Schwarzes Meer	2850 km	647 km
Elbe	Riesengebirge/Tschechien	Nordsee	1094 km	727 km
Weser	2 Flüsse: Fulda und Werra	Nordsee	440 km	440 km

Die 12 größten Seen in Deutschland (S. 52)

R	G	K	R	T	U	O	I	R	G	G	O	I	B	E	S	X
S	G	U	A	S	I	Z	R	K	S	R	S	Q	T	N	H	T
P	G	M	X	T	Y	W	Y	K	B	O	C	Q	N	U	U	A
V	J	M	I	A	N	M	M	T	O	S	H	T	R	G	S	L
H	V	E	L	R	K	U	N	X	D	S	A	H	G	N	E	M
Q	G	R	T	N	L	E	O	T	E	E	A	O	R	Y	L	O
G	B	O	P	B	Q	R	L	B	N	R	L	K	L	V	E	U
U	G	W	A	E	X	I	F	S	S	P	S	E	G	P	N	G
V	U	E	R	R	T	T	A	I	E	L	E	R	M	T	T	U
O	A	R	A	G	D	Z	Q	L	E	O	E	D	Q	U	E	Z
I	K	S	T	E	I	N	H	U	D	E	R	M	E	E	R	R
P	H	E	I	R	A	V	H	W	T	N	L	C	G	P	S	G
R	Z	E	R	S	K	O	C	H	I	E	M	S	E	E	E	Z
M	K	F	G	E	P	L	A	U	E	R	S	E	E	E	E	F
P	I	Y	K	E	A	M	M	E	R	S	E	E	A	U	C	R
Y	I	S	C	H	W	E	R	I	N	E	R	S	E	E	U	A
K	X	E	W	P	I	C	T	M	K	E	N	A	B	U	W	J

DIGI-CHECK „Nachbarländer zuordnen" (S. 14)

So geht es:
Die Kinder ziehen die Kärtchen am Rand per Drag & Drop an die richtigen Stellen auf der Karte.

DIGI-CHECK „Kennst du alle Bundesländer?" (S. 19)

So geht es:
Die Kinder ziehen die Kärtchen am Rand per Drag & Drop an die richtigen Stellen auf der Karte.

DIGI-CHECK „Wie heißen die Hauptstädte?" (S. 15)

So geht es:
Die Kinder finden passende Kartenpaare und klicken/tippen die Karten nacheinander an.

DIGI-CHECK „Unsere Bundesländer und ihre Landeshauptstädte" (S. 21)

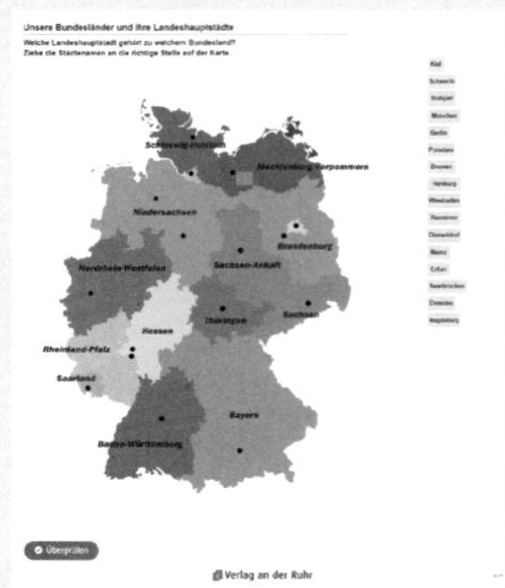

So geht es:
Die Kinder ziehen die Kärtchen am Rand per Drag & Drop an die richtigen Stellen auf der Karte.

DIGI-CHECK „Flaggen der Nachbarländer" (S. 16)

So geht es:
Die Kinder finden passende Kartenpaare und klicken/tippen die Karten nacheinander an.

DIGI-CHECK „Die Geschichte Deutschlands" (S. 26)

So geht es:
Die Kinder bringen die Satzstreifen (mithilfe der Pfeile hinter jedem Satz) in die chronologisch richtige Reihenfolge.

DIGI-CHECK
„Politik in Deutschland“ (S. 34)

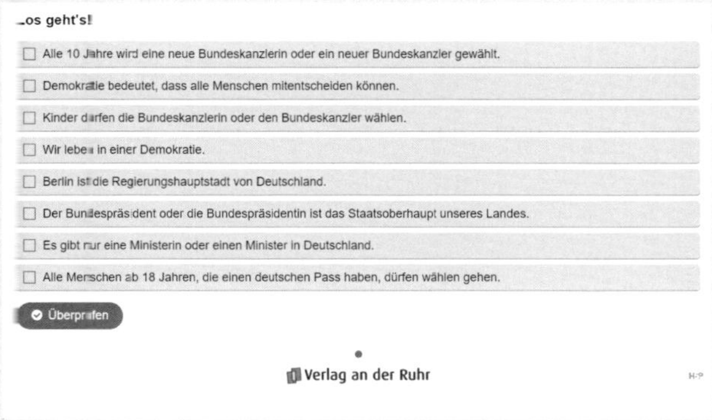

So geht es:
Die Kinder wählen aus acht Aussagen die richtigen Aussagen aus.

DIGI-CHECK
„Großlandschaften – Was stimmt?“ (S. 47)

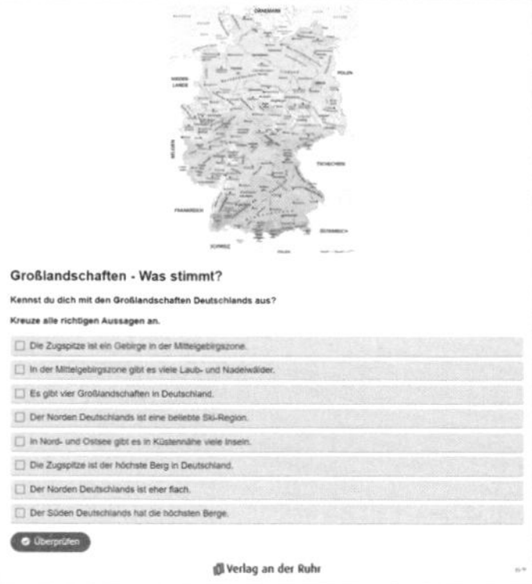

So geht es:
Die Kinder wählen aus acht Aussagen die richtigen Aussagen aus.

DIGI-CHECK
„Woher kommt dieses Lebensmittel?“ (S. 37)

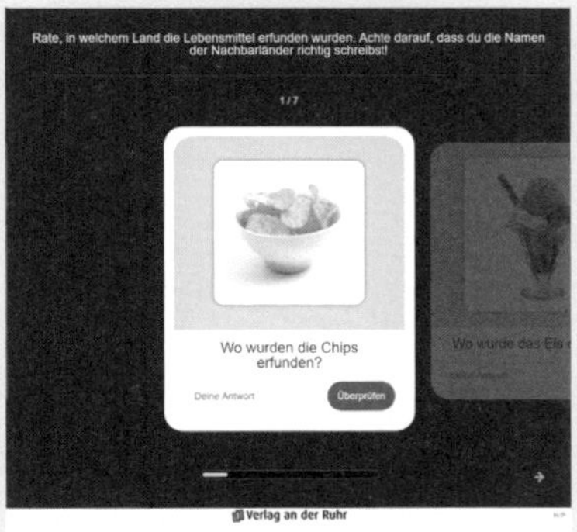

So geht es:
Die Kinder schreiben ihre Vermutungen zum Herkunftsland in ein Textfeld unterhalb der Abbildung.

DIGI-CHECK
„Unsere Flüsse – Gewusst wo!“ (S. 48)

So geht es:
Die Kinder ziehen die Zahlen-Kärtchen am Rand per Drag & Drop an die richtigen Stellen auf der Karte.

DIGI-CHECK
„Berliner Sehenswürdigkeiten“ (S. 41)

So geht es:
Die Kinder finden passende Text- und Bildkartenpaare und klicken/tippen die Karten nacheinander an.

DIGI-CHECK
„Unsere Seen – Gewusst wo!“ (S. 51)

So geht es:
Die Kinder ziehen die Zahlen-Kärtchen am Rand per Drag & Drop an die richtigen Stellen auf der Karte.

Deutschland – Das weiß ich schon, das will ich wissen

☐ Einzelarbeit ☺ ☐ Partnerarbeit ☺☺ ☐ Gruppenarbeit ☺☺☺

Du brauchst:

- Stifte
- Schere
- Klebstoff
- 1 großes Plakat mit „!" und 1 großes Plakat mit „?"

So geht es:

1. Denke gut über unser Thema „Deutschland" nach.
   Schreibe alles, was du schon weißt, in die Kästen mit dem „!".
   Schreibe alles, was du wissen möchtest, in die Kästen mit dem „?".
2. Schneide deine Kästen aus. Klebe sie auf die passenden Plakate.
3. Sprecht darüber.

!

....

....

....

!

....

....

....

?

....

....

....

?

....

....

....

Deutschland liegt in Europa

☐ Einzelarbeit ☺ ☐ Partnerarbeit ☺☺ ☐ Gruppenarbeit ☺☺☺

Auf der Karte siehst du den **Kontinent Europa**. Europa ist in **über 40 Staaten** eingeteilt. Die einzelnen Staaten sind auf der Karte durch dünne, schwarze Linien voneinander getrennt. Das sind die **Grenzen** der Staaten. Es gibt auch sehr kleine Staaten, die nur so groß wie eine Stadt sind. In jedem Staat leben Menschen und es gibt Städte, Flüsse, Seen ... – genau wie bei uns in Deutschland. In fast jedem Staat wird eine andere **Sprache** gesprochen.
Deutschland, das Land, in dem du lebst, ist ein Staat in **Mitteleuropa**. Du kannst es an der dicken Umrandung erkennen. Die Hauptstadt von Deutschland heißt Berlin. Berlin ist auf der Karte mit der Pinn-Nadel markiert.

1. **Male die dicke Umrandung von Deutschland mit einem roten Stift nach.**
2. **Male Deutschland auf der Karte in deiner Lieblingsfarbe an.**
3. **Warum heißt es: Deutschland liegt in Mitteleuropa?**
   Schreibe deine Erklärung auf:

....

....

....

Deutschland und seine Nachbarländer

☐ Einzelarbeit ☺ ☐ Partnerarbeit ☺☺ ☐ Gruppenarbeit ☺☺☺

Auf der Landkarte siehst du Deutschland und seine **9 Nachbarstaaten**.
Kein Staat Europas hat so viele Nachbarländer wie Deutschland.

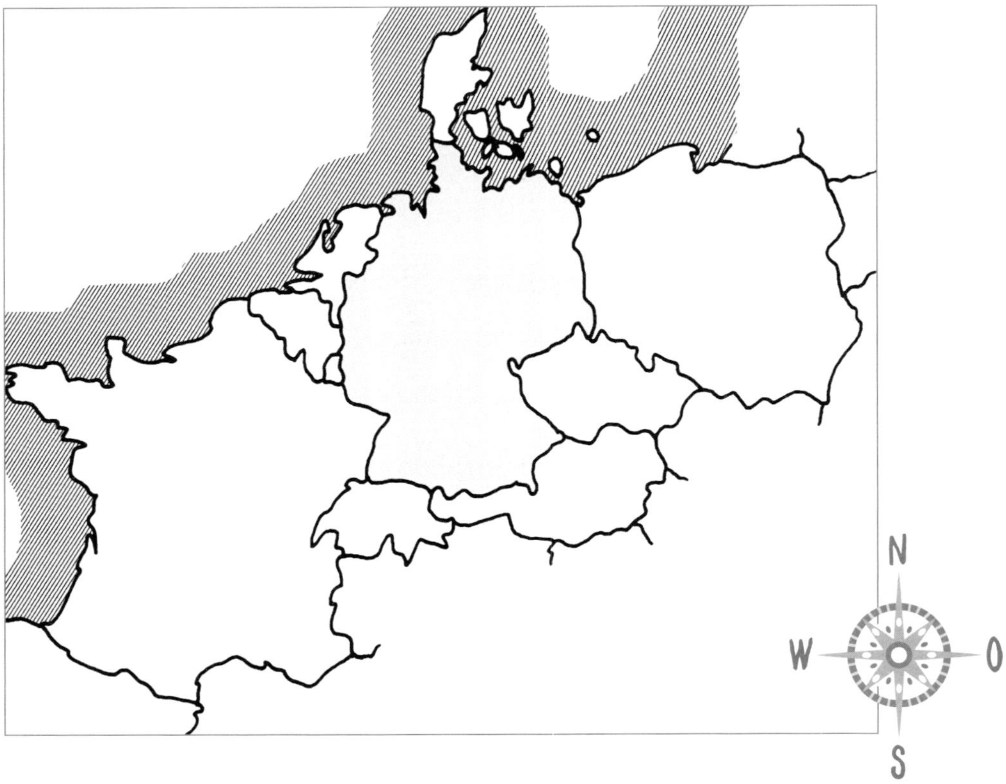

1. **Umrande Deutschland mit einem roten Stift.**
2. **Male jedes Nachbarland in einer anderen Farbe aus.**
3. **Schreibe mit der passenden Farbe die Namen der Nachbarländer auf. Starte oben im Norden und bewege dich nach rechts, im Uhrzeigersinn, um Deutschland herum.**

① D ....
② P ....
③ T ....
④ Ö ....
⑤ S ....
⑥ F ....
⑦ L ....
⑧ B ....
⑨ N ....

Mit diesem **Lied** kannst du die Nachbarländer Deutschlands lernen.
QR-Code scannen und los geht's!

DIGI-CHECK
„Nachbarländer zuordnen"
Teste dein Wissen.
QR-Code scannen und los geht's!

Deutschlands Nachbarländer und ihre Hauptstädte

☐ Einzelarbeit ☺ ☐ Partnerarbeit ☺☺ ☐ Gruppenarbeit ☺☺☺

Jedes Nachbarland Deutschlands hat eine **Hauptstadt**. Oft ist es die größte Stadt im Land. Städte erkennst du auf Landkarten an den Punkten. Dabei ist die Größe und Farbe der Punkte oft entscheidend. Sie geben an, wie groß eine Stadt ist. Die Namen von Hauptstädten sind auf Landkarten oft unterstrichen. So kannst du sie von normalen Städten unterscheiden und sofort erkennen.

Falls du mit einer **digitalen Europakarte** arbeiten möchtest:
Scanne den QR-Code und los geht's!

1. **Finde zu jedem Nachbarland die Hauptstadt. Schaue auf einer Europakarte nach.**
2. **Fülle die Tabelle aus.**

Nachbarland	Hauptstadt
Dänemark	
Polen	
Tschechien	
Österreich	
Schweiz	
Frankreich	
Luxemburg	
Belgien	
Niederlande	

3. **Bist du schon einmal in einem Nachbarland von Deutschland gewesen? Markiere das Land in der Tabelle mit einem Sternchen.**

DIGI-CHECK
„Wie heißen die Hauptstädte?"
Teste dein Wissen.
QR-Code scannen und los geht's!

Die Deutschlandflagge

☐ Einzelarbeit ☺ ☐ Partnerarbeit ☺☺ ☐ Gruppenarbeit ☺☺☺

Jedes Land der Erde hat eine eigene **Flagge**. An den Farben und Mustern der Flagge kann man das Land erkennen. In der Flagge von Deutschland findest du drei Nationalfarben: oben Schwarz, in der Mitte Rot und unten Gold. Dabei wird für Gold oft ein Gelbton genommen. Diese drei Farben stehen mit kurzen Unterbrechungen schon seit 1848 offiziell für den deutschen Staat.

1. Male die Deutschlandflagge in den richtigen Farben aus.

Wie sieht die **Deutschlandflagge** aus?
QR-Code scannen und los geht's!

2. Bastele eine Deutschlandfahne. Male ein DIN-A5-Papier schwarz, rot und gold/gelb an. Klebe das Papier dann um einen dünnen Stab oder Ast.
3. Mache den Digi-Check „Flaggen der Nachbarländer".
4. Suche dir die Flaggen von zwei Nachbarländern Deutschlands aus und male sie hier auf.

DIGI-CHECK
„Flaggen der Nachbarländer"
Teste dein Wissen.
QR-Code scannen und los geht's!

Land: ....

Land: ....

Unser Landeswappen

☐ Einzelarbeit ☺ ☐ Partnerarbeit ☺☺ ☐ Gruppenarbeit ☺☺☺

Deutschland hat nicht nur eine Flagge, sondern auch noch ein Wappen, also ein bestimmtes Zeichen. Auch an diesem Wappen kann man unser Land erkennen. Es ist ein schwarzer Adler mit rotem Schnabel und roten Krallen.

Der Schutzschild, auf dem der Adler abgebildet ist, hat eine goldene (gelbe) Farbe. Der Adler ist bereits ein sehr altes Zeichen. Schon die Könige und Herrscher, die vor mehr als 1000 Jahren im Gebiet des heutigen Deutschlands regierten, benutzten einen Adler als ihr Zeichen. Der Adler steht oft als Symbol für die **Sonne**, die **Lebenskraft**, den **Mut**, die **Stärke** und die oberste **Gottheit**. Der König der Lüfte soll auch **Freiheit** ausdrücken.

1. **Male das Deutschland-Wappen in den richtigen Farben an.**
2. **Das Bild des Adlers hat viele Bedeutungen. Suche die fett gedruckten Wörter aus dem Text im Suchsel. Die Wörter können von links nach rechts (↔) und von oben nach unten (↕) versteckt sein.**

Tipp!
ä = ae

L	E	B	E	N	S	K	R	A	F	T	P	S	A
E	H	D	T	B	Y	U	J	O	N	H	I	K	G
O	L	M	I	F	J	Q	U	E	T	I	V	E	O
P	S	U	D	R	H	R	H	T	W	D	S	M	T
P	T	T	E	E	K	S	I	O	J	B	E	H	T
I	A	N	C	I	O	E	A	N	S	X	A	I	H
K	E	V	U	H	I	T	C	R	O	D	A	C	E
J	R	R	S	E	I	C	T	X	N	A	H	N	I
D	K	C	Z	I	M	A	U	N	N	E	I	P	T
H	E	M	E	T	G	Q	M	T	E	I	H	Z	R

Deutschland-Gedicht

☐ Einzelarbeit ☺ ☐ Partnerarbeit ☺☺ ☐ Gruppenarbeit ☺☺☺

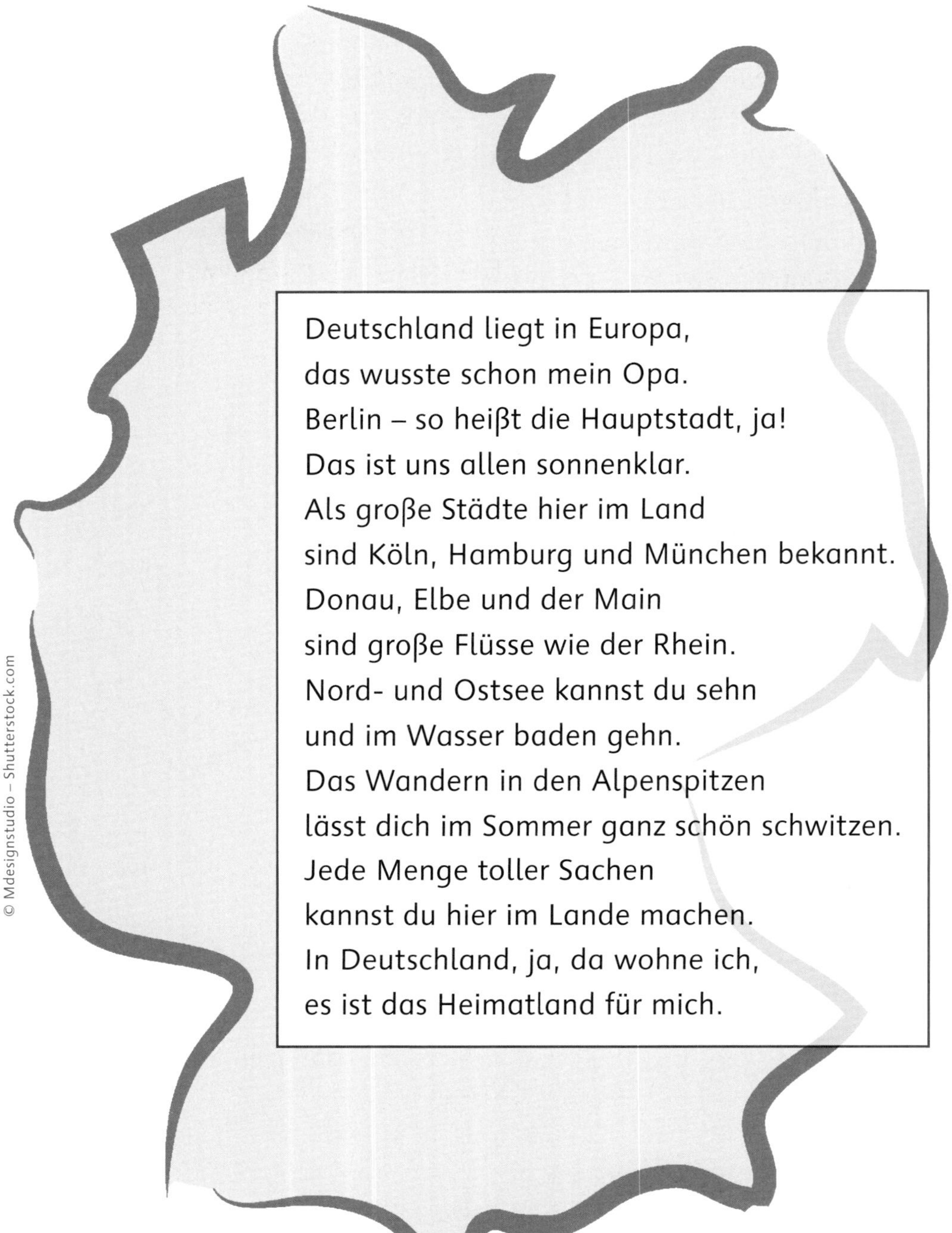

Deutschland liegt in Europa,
das wusste schon mein Opa.
Berlin – so heißt die Hauptstadt, ja!
Das ist uns allen sonnenklar.
Als große Städte hier im Land
sind Köln, Hamburg und München bekannt.
Donau, Elbe und der Main
sind große Flüsse wie der Rhein.
Nord- und Ostsee kannst du sehn
und im Wasser baden gehn.
Das Wandern in den Alpenspitzen
lässt dich im Sommer ganz schön schwitzen.
Jede Menge toller Sachen
kannst du hier im Lande machen.
In Deutschland, ja, da wohne ich,
es ist das Heimatland für mich.

1. **Lies dir das Gedicht mehrmals durch.**
2. **Unterstreiche alle Städtenamen in rot.**
3. **Unterstreiche die Namen der Flüsse und Meere blau.**
4. **Unterstreiche den Namen des Gebirges in braun.**
5. **Schreibe das Gedicht in Schönschrift auf ein Blatt Papier. Du kannst auch etwas dazu malen.**
6. **Versuche, dir mithilfe des Gedichts die Informationen über Deutschland zu merken. Kannst du das Gedicht sogar auswendig?**

Unsere Bundesländer

☐ Einzelarbeit ☺ ☐ Partnerarbeit ☺☺ ☐ Gruppenarbeit ☺☺☺

Deutschland ist in **16 Bundesländer** eingeteilt. Dabei sind die Bundesländer unterschiedlich groß und es leben dort unterschiedlich viele Menschen. Berlin, Hamburg und Bremen sind eigentlich Städte, aber gleichzeitig auch eigene Bundesländer. Man nennt sie **Stadtstaaten**. Die anderen Bundesländer bestehen aus einer größeren Fläche mit vielen Städten. Deswegen nennt man sie **Flächenstaaten**.

1. Trage die Namen der Bundesländer an den richtigen Stellen ein. Nimm eine Deutschlandkarte zu Hilfe.

Falls du mit einer **digitalen Landkarte** arbeiten möchtest:
Scanne den QR-Code und los geht's!

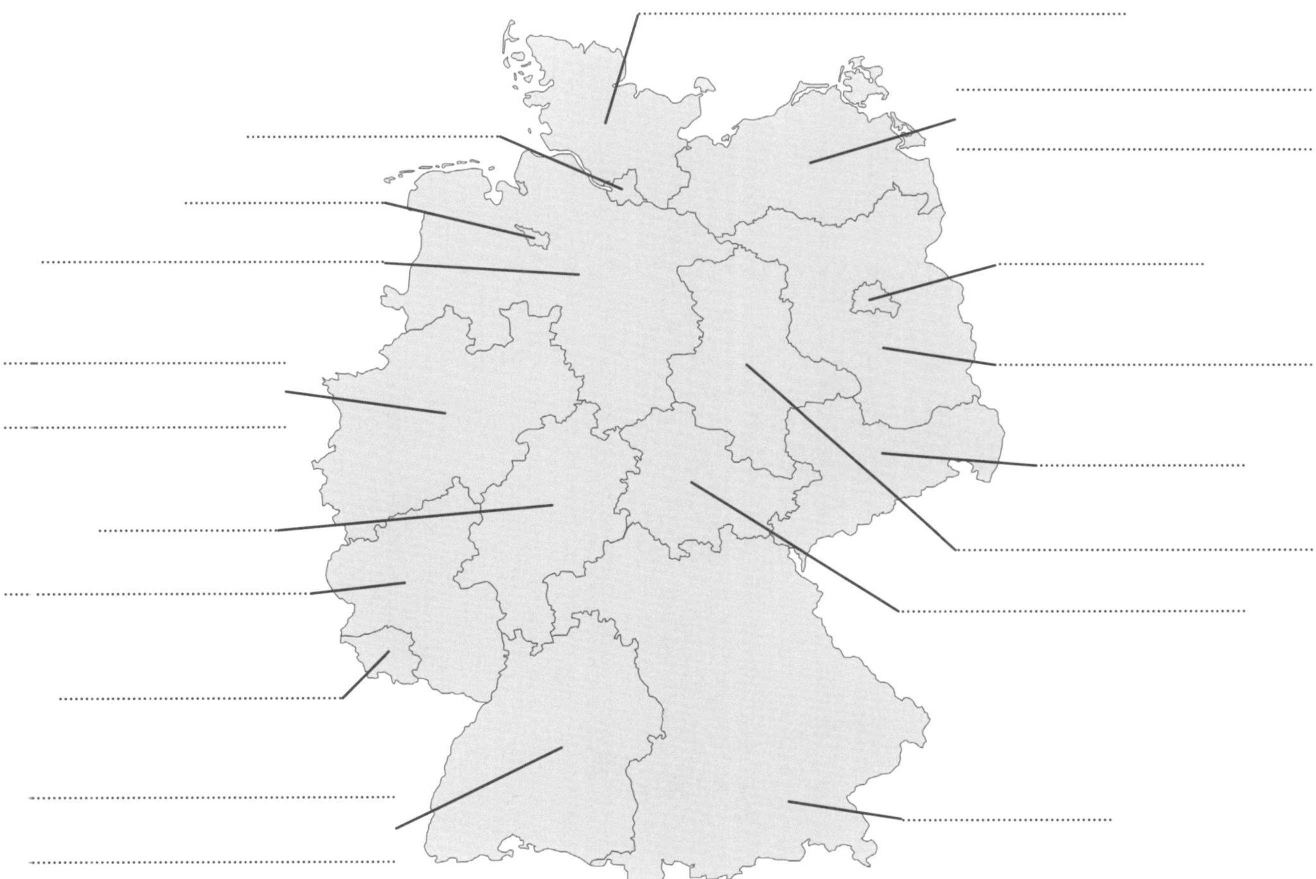

© ii-graphics – Shutterstock.com

2. Lerne die 16 Bundesländer auswendig. Versuche, dir zu merken, wo sie liegen.

DIGI-CHECK
„Kennst du alle Bundesländer?"
Teste dein Wissen.
QR-Code scannen und los geht's!

Die Landeshauptstädte

☐ Einzelarbeit ☺ ☐ Partnerarbeit ☺☺ ☐ Gruppenarbeit ☺☺☺

Die Bundesrepublik Deutschland ist in **16 Bundesländer** eingeteilt. Die schwarzen, dünnen Linien zeigen dir, wo die einzelnen Bundesländer liegen und wie groß sie sind. Jedes Bundesland hat einen eigenen Namen und eine **Landeshauptstadt**.
Wo die Landeshauptstädte sind, erkennst du an den schwarzen Punkten.

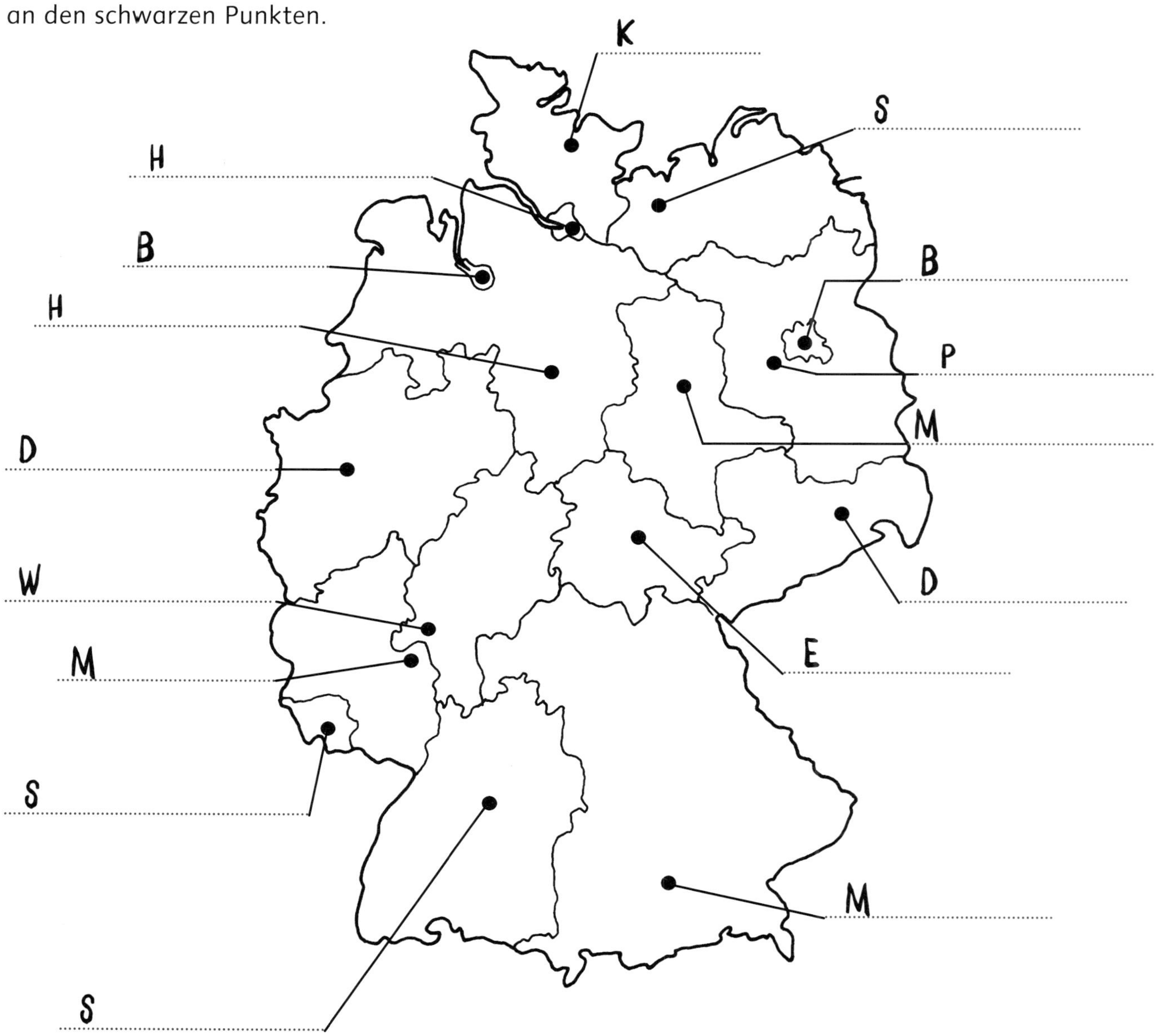

1. **Male jedes Bundesland in einer anderen Farbe oder mit einem anderen Muster an.**
2. **Schreibe die Landeshauptstädte zu den Bundesländern. Die digitale Karte kann dir helfen.**
3. **Umrande das Bundesland, in dem du lebst, mit einem farbigen Stift.**

   Es heißt: ....

Eine **digitale Landkarte** findest du hier.
Scanne den QR-Code und los geht's!

Bundesland und Landeshauptstadt

☐ Einzelarbeit ☺ ☐ Partnerarbeit ☺☺ ☐ Gruppenarbeit ☺☺☺

Jedes Bundesland hat eine eigene Landeshauptstadt. In den Landeshauptstädten sitzt auch die jeweilige Landesregierung. Die Landesregierungen treffen politische Entscheidungen für ihr Bundesland. Sie beschließen Gesetze und sorgen dafür, dass sie umgesetzt und eingehalten werden.

Eine **digitale Landkarte** findest du hier.
Scanne den QR-Code und los geht's!

Trage zu jedem Bundesland die richtige Landeshauptstadt ein.

Bundesland	Landeshauptstadt

DIGI-CHECK
„Unsere Bundesländer und ihre Landeshauptstädte“
Teste dein Wissen.
QR-Code scannen und los geht's!

Das größte und das kleinste Bundesland (1/2)

☐ Einzelarbeit ☺ ☐ Partnerarbeit ☺☺ ☐ Gruppenarbeit ☺☺☺

Die Bundesländer sind unterschiedlich groß. Bayern ist das Bundesland mit der größten Fläche und Bremen das mit der kleinsten Fläche. Je mehr Städte in einem Bundesland sind, desto mehr Menschen wohnen auch dort. Wenn in einem Bundesland viel Landwirtschaft betrieben wird, gibt es dort in der Regel weniger Städte und somit auch weniger Menschen.

Trage die Daten aus der Tabelle von S. 23 in die Karte ein.
Schreibe so wie im Beispiel vom Bundesland Bayern.
Streiche in der Tabelle durch, was du schon eingetragen hast.

Das größte und das kleinste Bundesland (2/2)

☐ Einzelarbeit ☺ ☐ Partnerarbeit ☺☺ ☐ Gruppenarbeit ☺☺☺

Bundesland	Fläche in km²	Bevölkerung insgesamt
Schleswig-Holstein	15 804 km²	ca. 2 956 000
Hamburg	755 km²	ca. 1 910 000
Niedersachsen	47 709 km²	ca. 8 162 000
Bremen	419 km²	ca. 691 000
Nordrhein-Westfalen	34 112 km²	ca. 18 190 000
Hessen	21 115 km²	ca. 6 420 000
Rheinland-Pfalz	19 857 km²	ca. 4 174 000
Baden-Württemberg	35 747 km²	ca. 11 339 000
~~Bayern~~	~~70 541 km²~~	~~ca. 13 435 000~~
Saarland	2 571 km²	ca. 994 000
Berlin	891 km²	ca. 3 782 000
Brandenburg	29 654 km²	ca. 2 582 000
Mecklenburg-Vorpommern	23 294 km²	ca. 1 629 000
Sachsen	18 449 km²	ca. 4 089 000
Sachsen-Anhalt	20 467 km²	ca. 2 180 000
Thüringen	16 202 km²	ca. 2 122 000

Das Bundesländer-ABC-Gedicht

☐ Einzelarbeit ☺ ☐ Partnerarbeit ☺☺ ☐ Gruppenarbeit ☺☺☺

Mit Deutschland sind 16 Länder gemeint,
doch trotzdem ist bei uns alles vereint.
Denn 16 Bundesländer hat das Land,
aber nur eine richtige Grenze am Rand.
Kein Land mit A und fünf Länder mit B –
das ist das Bundesländer-ABC.
Da sind Baden-Württemberg, Berlin und Bremen
sowie Brandenburg und Bayern zu erwähnen.
Dann ist Pause bis zum Buchstaben H
und schon sind auch Hessen und Hamburg da.
Mit M folgt in Wintern wie in Sommern
das Bundesland Mecklenburg-Vorpommern.
Bundesländer mit N sind natürlich dabei,
Niedersachsen und Nordrhein-Westfalen, die zwei.
Rheinland-Pfalz ist das Land mit R bei uns hier –
es folgen die Länder mit S, und zwar vier.
Häng an Bundesland Sachsen auch Anhalt dran,
dann kennt zwei Bundesländer schon jedermann.
Im Süden des Landes mit S uns bekannt –
das Bundesland hier wird das Saarland genannt.
Und schließlich im Norden an Seen und Meer
brauchen wir das Land Schleswig-Holstein doch sehr.
Ein Land fehlt noch – du musst es schnell bringen,
drum sag zum Schluss einfach noch Thüringen.

Rahmen: Norbert Höveler

1. **Lies dir das Gedicht mehrmals durch.**
2. **Suche die Namen aller Bundesländer aus dem Gedicht heraus. Unterstreiche sie in deiner Lieblingsfarbe.**
3. **Schreibe das Gedicht in Schönschrift auf ein Blatt Papier. Du kannst auch etwas dazu malen.**
4. **Versuche, dir mithilfe des Gedichts die 16 Bundesländer zu merken. Kannst du die Bundesländer oder sogar das ganze Gedicht auswendig?**

Norbert Höveler

Bundesländer-Puzzle

☐ Einzelarbeit ☺ ☐ Partnerarbeit ☺☺ ☐ Gruppenarbeit ☺☺☺

Bastele dir ein Bundesländer-Puzzle.

Du brauchst:

- Kopie der Deutschlandkarte unten, vergrößert auf A4 oder A3
- Pappe A4 oder A3
- Klebestift
- Buntstifte
- Schere
- eventuell Landkarte von Deutschland/ Internetzugang

So geht es:

1. Male die Bundesländer in verschiedenen Farben an. Trage die Namen der Bundesländer und der Landeshauptstädte in die Karte ein.
2. Klebe die Karte auf die Pappe.
3. Schneide das Puzzle außen herum aus.
4. Schneide dann alle Bundesländer-Puzzleteile so genau wie möglich aus.

Falls du mit einer **digitalen Landkarte** arbeiten möchtest:
Scanne den QR-Code und los geht's!

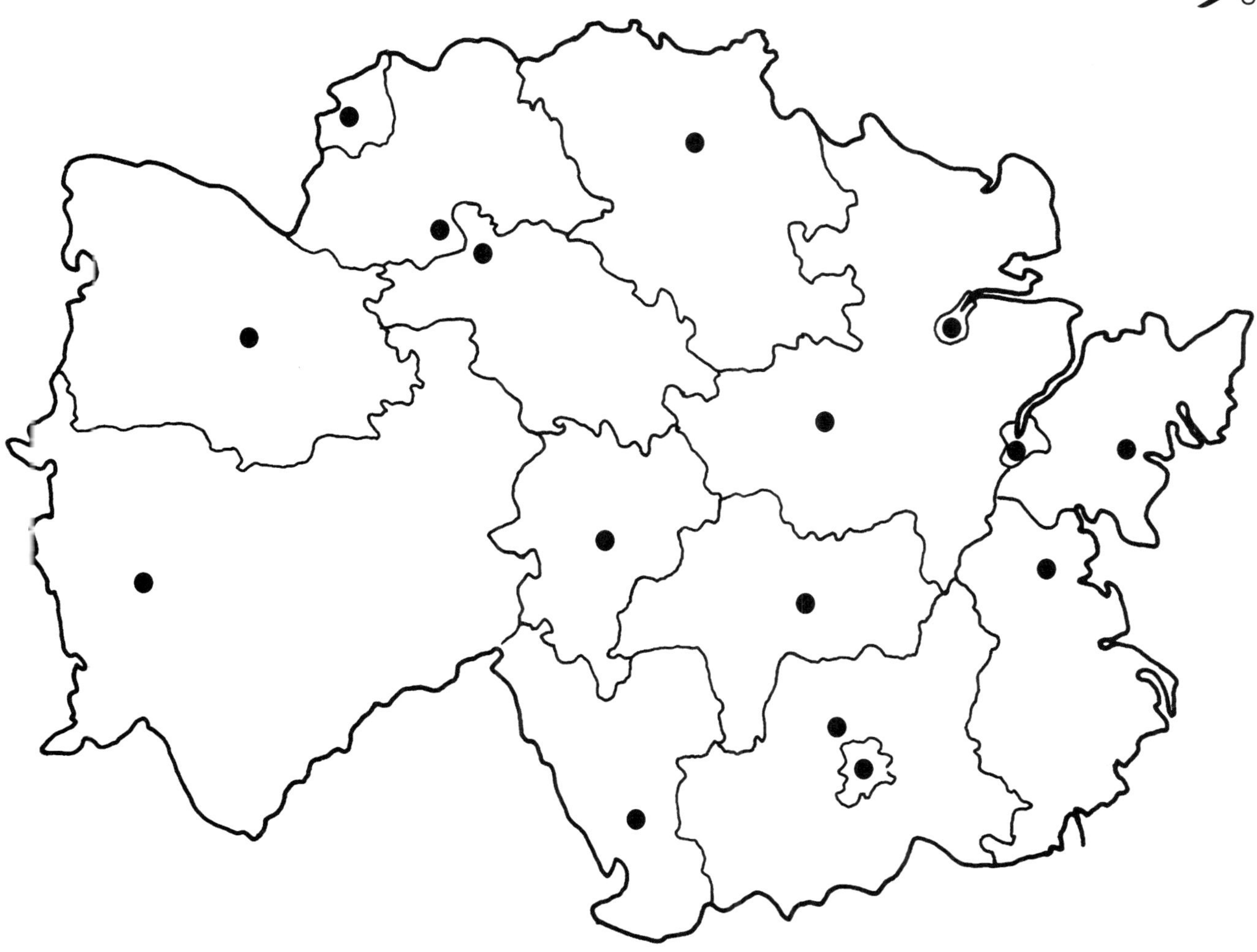

Die Geschichte Deutschlands
Infotext (1/2)

☐ Einzelarbeit ☺ ☐ Partnerarbeit ☺☺ ☐ Gruppenarbeit ☺☺☺

Deutschland besteht noch gar nicht lange in seiner heutigen Form. Das Land, das wir heute Deutschland nennen, hat nämlich schon eine lange **Geschichte** hinter sich. Im Gebiet des heutigen Deutschland lebten früher Menschen vieler verschiedener Völkerstämme, wie die **Kelten**, **Germanen** und **Römer**. Sie nannten das Land aber anders als heute, nämlich Germanien. Zu Beginn des 9. Jahrhunderts nach Christus gelang es dem berühmten Kaiser **Karl dem Großen**, alle germanischen Stämme in einem **Reich** zu vereinen. Nach seinem Tod teilten seine Nachfahren das Reich in drei Gebiete auf. Aus einem dieser Gebiete entwickelte sich später das Land, das wir heute Deutschland nennen. In dem Gebiet lebten damals noch nicht so viele Menschen wie heute.

Magnus Siemens

Im **Mittelalter** (ungefähr 500 bis 1500 nach Christus) lagen die **Dörfer** oft in der Nähe und im Schutz von Burgen. Die Dörfer wurden hauptsächlich von **Bauern** bewohnt. Auf den **Burgen** lebten der **Adel** und die **Ritter**, die die Burg und das Umland gegen Feinde verteidigten. Die **Bürger** in den **Städten** sorgten für ihren eigenen Schutz, indem sie eine **Stadtmauer** bauten und einen **tiefen Graben** ziehen ließen. Das Gebiet des heutigen Deutschland war länger als andere europäische Staaten unter vielen **Herrschern** aufgeteilt. Die **Landesgrenzen** verschoben sich des Öfteren, da häufig kleinere Kriege geführt wurden. 1871 endete die Zerstrittenheit. Aus vielen kleinen deutschen Staaten wurde ein großes **Reich**. Von 1914 bis 1918 führte das Deutsche Reich unter seinem Kaiser Wilhelm II. den **1. Weltkrieg**, den es verlor. Am Ende des Krieges wurde Deutschland zur **Republik**. Von da an herrschte also kein Kaiser oder König mehr. Stattdessen bekamen die Bürger und Bürgerinnen des Landes ein Wahlrecht und somit die Möglichkeit zur Mitbestimmung. 1939 begann Deutschland unter der Führung Adolf Hitlers den **2. Weltkrieg**. 1945 verlor Deutschland diesen Krieg. 1949 wurde Deutschland in zwei Teile geteilt: in die **Bundesrepublik Deutschland (BRD)** und in die **Deutsche Demokratische Republik (DDR)**. Seit 1989 sind die beiden Teile Deutschlands wieder vereint.

DIGI-CHECK

„Die Geschichte Deutschlands"
Teste dein Wissen.
QR-Code scannen und los geht's!

Die Geschichte Deutschlands
Fragebogen (2/2)

☐ Einzelarbeit ☺ ☐ Partnerarbeit ☺☺ ☐ Gruppenarbeit ☺☺☺

1. Lies dir den Infotext „Die Geschichte Deutschlands“ 2-mal durch.
2. Beantworte die Fragen. Schreibe ganze Sätze.

Welche Völkerstämme lebten früher im Gebiet des heutigen Deutschland?

Wie hießen zwei Kaiser, die das Gebiet regiert haben?

Wie sah unser Gebiet im Mittelalter aus? Erkläre genau.

Warum verschoben sich die Landesgrenzen vieler Länder immer wieder?

Wie wurde unser Land 1871 genannt?

Welche Weltkriege gab es in Deutschland? Schreibe auch auf, in welchem Jahr sie begonnen und in welchem Jahr sie geendet haben.

Seit wann gibt es Deutschland als ein großes Land mit den heutigen Grenzen und ohne eine Mauer?

Die deutsche Sprache

☐ Einzelarbeit ☺ ☐ Partnerarbeit ☺☺ ☐ Gruppenarbeit ☺☺☺

Die deutsche Sprache hat sich über einen sehr langen Zeitraum entwickelt. Im **8. Jahrhundert** wurde die deutsche Sprache zum ersten Mal erwähnt. Sie klang damals aber noch nicht so, wie sie heute klingt. Sie hat sich im Laufe der Zeit immer wieder verändert. Hier ist ein **Beispiel**. Kannst du alles verstehen?

Althochdeutsch (um 750 –1050): Fater unsêr dû pist in himilum
Mittelhochdeutsch (um 1050 –1500): Fater unser du bist in himel
Neuhochdeutsch (seit 1500): Vater unser, der du bist im Himmel

Tag der deutschen Sprache

QR-Code scannen und los geht's!

Auch heute ist die deutsche Sprache nicht „fertig“. Ständig kommen **neue Wörter** hinzu, auch aus anderen Sprachen. Gelegentlich verändern sich Wörter auch allmählich beim Sprechen im Alltag.
Erst im **16. Jahrhundert** wurde die damals schon gesprochene deutsche Sprache auch vermehrt als **Schriftsprache** benutzt. Bis dahin wurde hauptsächlich lateinisch geschrieben.
Sicherlich hast du schon einmal von **Martin Luther** (1483–1546) gehört. Er hat damals die **Bibel** von der lateinischen in die deutsche Sprache übersetzt und so aufgeschrieben. Dadurch wurde es sozusagen modern, deutsch zu schreiben. Die deutsche Sprache klingt auch heute in Deutschland nicht immer gleich. Denn es gibt viele gesprochene **Dialekte** und **Mundarten**. Obwohl die Wörter gleich geschrieben werden – und zwar immer hochdeutsch – werden sie an unterschiedlichen Orten verschieden ausgesprochen.

Immer eines der hochdeutschen Wörter unten gehört zu einem schwäbischen Wort. Verbinde die zusammengehörenden Paare.

Schwäbisch ist ein **Dialekt**, den man in Schwaben spricht. Schwaben ist eine Region in Süddeutschland.

Hochdeutsch	Schwäbisch
Essen ○	○ do
ist ○	○ Boom
auf ○	○ isch
gut ○	○ Essa
Baum ○	○ eiverschtanda
da ○	○ uf
einverstanden ○	○ guat
Töchterchen ○	○ Momentle
Moment ○	○ amol
einmal ○	○ Döchderle

Die deutsche Nationalhymne

☐ Einzelarbeit ☺ ☐ Partnerarbeit ☺☺ ☐ Gruppenarbeit ☺☺☺

Joseph Haydn

Joseph Haydn (1732–1809) war ein berühmter **Komponist**. Er wurde zwar in **Österreich** geboren, hat aber – ohne es zu wissen – für **Deutschland** ein wichtiges Musikstück komponiert. Im Jahre 1797 komponierte Haydn nämlich für den damaligen österreichischen Kaiser Franz eine **Kaiserhymne**. Das war ein Lied, mit dem das Volk seine **Verehrung** für den Kaiser ausdrücken konnte.

Einige Jahre später, 1841, schrieb der Dichter **August Heinrich Hoffmann von Fallersleben** (1798–1874) für diese Kaiserhymne einen neuen Text. In dieser Form wurde die Hymne „Das Lied der Deutschen" genannt. 1922 wurde das Lied mit seinen drei Strophen dann zur deutschen **Nationalhymne** erklärt. Eine Nationalhymne wird zum Beispiel auf internationalen Veranstaltungen gespielt, um den jeweiligen Staat zu repräsentieren. Leider wurde im **2. Weltkrieg** (1939–1945) der Text der **1. Strophe** falsch verstanden. Er wurde dazu missbraucht, zu behaupten, dass die Deutschen besser seien als andere Menschen und dass deswegen Krieg geführt werde müsse. Seit 1952 wird daher von dem Lied nur noch die **3. Strophe** als deutsche Nationalhymne gesungen.

1. Scanne den QR-Code und schreibe den Text der deutschen Nationalhymne hier auf:

Die deutsche Nationalhymne

QR-Code scannen und los geht's!

2. Überlege, was mit dem Text genau gemeint ist. Unterstreiche alle Wünsche und Ziele für Deutschland, die in diesem Lied besungen werden.

Hier kannst du dir die **Hymne** anhören und erfährst noch eine Menge mehr.

QR-Code scannen und los geht's!

Bedeutende Männer aus früherer Zeit
Bildergalerie (1/2)

☐ Einzelarbeit ☺ ☐ Partnerarbeit ☺☺ ☐ Gruppenarbeit ☺☺☺

In Deutschland haben viele Männer gelebt, die bis heute noch weltberühmt sind. Begib dich einmal auf ihre Spuren und erfahre, warum man sie nicht vergisst. Vielleicht hast du von der ein oder anderen Persönlichkeit schon einmal gehört?

1. **Schaue dir die Bildergalerie an.**
2. **Lies dir die Mini-Lebensläufe der Personen auf S. 31 durch.**
3. **Schneide die Bilder aus und klebe sie zum richtigen Lebenslauf.**

Johann Wolfgang von Goethe

Brüder Grimm

Ludwig van Beethoven

Wilhelm Conrad Röntgen

Johannes Gutenberg

Johannes Kepler

Bedeutende Männer aus früherer Zeit
Lebensläufe (2/2)

☐ Einzelarbeit ☺ ☐ Partnerarbeit ☺☺ ☐ Gruppenarbeit ☺☺☺

Ludwig van Beethoven hat von **1770 bis 1827** gelebt. Er lernte bereits mit vier Jahren Klavier spielen. Er war Komponist und erfand viele Musikstücke. Du erkennst ihn an den wilden Haaren.	
Da es früher kein Radio oder Fernsehen gab, haben sich die Menschen zum Zeitvertreib Märchen erzählt. Die **Brüder Jacob (1785-1863) und Wilhelm Grimm (1786-1859)** sammelten diese Märchen. Vielleicht kennst du die Märchen „Hänsel und Gretel" oder „Schneewittchen".	
Weil dieser Physiker von **1845 bis 1923** gelebt und sich mit besonderen Strahlen beschäftigt hat, kann man in den Körper „schauen". **Wilhelm Conrad Röntgen** entdeckte die sogenannten Röntgenstrahlen, mit denen man auch heute noch im Körper Knochenbrüche oder andere Krankheiten entdecken kann.	
Johann Wolfgang von Goethe gilt als größter deutscher Dichter und lebte von **1749 bis 1832**. Er schrieb Gedichte, Romane und Theaterstücke. Auch heute noch werden seine Romane gelesen und seine Theaterstücke gespielt.	
Johannes Kepler war ein Astronom und lebte von **1571 bis 1630**. Er lebte in einer Zeit, in der das Mikroskop und das Fernrohr erfunden wurden, und erforschte die Himmelskörper. Mit seinen Erkenntnissen stellte er drei berühmte Gesetze auf. Eines davon besagt, dass sich Planeten auf Ellipsenbahnen bewegen.	
Etwa **um 1400 bis 1468** lebte **Johannes Gutenberg**, der mit seiner Erfindung den Buchdruck vereinfacht hat: Mit seinem Druckverfahren brauchte man die Bücher nicht mehr mit der Hand zu schreiben, sondern man setzte mit einzelnen Lettern (Buchstaben) Wörter und Sätzen zusammen, die dann mit Farbe bestrichen und auf Papier gedruckt wurden.	

Bedeutende Frauen aus früherer Zeit

☐ Einzelarbeit ☺ ☐ Partnerarbeit ☺☺ ☐ Gruppenarbeit ☺☺☺

In Deutschland gab es viele Frauen, die berühmt wurden. Was genau sie erfunden, wofür sie sich eingesetzt oder was sie gemacht haben, kannst du mithilfe der QR-Codes herausfinden.

Margarete Steiff

Käthe Paulus

Elisabeth Selbert

Dorothea C. Erxleben

Marga Faulstich

Käthe Kollwitz

Welche berühmte Frau hat dich am meisten beeindruckt? Fülle ihren Steckbrief aus.

Name: ....

Lebte von: .... bis: ....

Deshalb wurde sie berühmt:

....

....

....

Vielleicht findest du im Internet ein Bild von ihr? Drucke es aus und klebe es hier auf.

Deutsche Erfindungen

☐ Einzelarbeit ☺ ☐ Partnerarbeit ☺☺ ☐ Gruppenarbeit ☺☺☺

Wenn es diese Erfindungen im Laufe der Zeit in Deutschland nicht gegeben hätte, dann würde dein Leben heute anders aussehen.

Lies dir die Textstreifen durch.
Suche die fett gedruckten Erfindungen im Rätsel.

Gottlieb Daimler baute 1885 den ersten Reitwagen – unser **Motorrad**.
Wilhelm Conrad Röntgen entdeckte 1895 die **Röntgenstrahlen**.
1881 entwickelte Werner von Siemens die erste elektrische **Straßenbahn**.
Der Physiklehrer Philipp Reis erfand 1861 das erste **Telefon**.
Carl Benz meldete 1886 offiziell sein erstes **Automobil** an.
Otto Lilienthal gelang 1891 der erste Gleitflug mit einem **Gleitflugzeug**.
1915 erfand Käthe Paulus das sogenannte **Fallschirmpaket**.
1922 erfand der Bonbonkocher Hans Riegel das **Gummibärchen**.
1941 stellte Konrad Zuse den ersten **Computer** vor.
1973 erfand Marga Faulstich besonders leichte **Brillengläser**.

Die Wörter können von oben nach unten ↕ und von links nach rechts ↔ geschrieben sein. **!**

ö = oe ä = ae ß = ss

F	A	L	L	S	C	H	I	R	M	P	A	K	E	T
K	H	G	A	M	A	T	P	D	S	B	A	X	T	Y
M	D	F	U	V	U	M	A	L	M	R	F	T	C	N
O	O	N	T	H	Y	R	N	U	U	I	Z	A	Z	W
T	M	H	O	V	S	O	N	G	E	L	U	Z	K	Q
O	T	P	M	A	A	E	E	H	Y	L	I	F	J	I
R	T	R	O	T	W	N	S	A	P	E	G	P	F	D
R	R	G	B	S	X	T	T	E	G	N	U	B	V	M
A	B	S	I	D	H	G	R	K	E	G	M	S	U	S
D	N	T	L	P	D	E	A	X	F	L	M	N	U	S
C	G	E	C	E	B	N	S	Q	R	A	I	G	H	L
O	O	L	P	U	B	S	S	A	P	E	B	P	J	D
M	B	E	K	S	A	T	E	I	V	S	A	U	A	Y
P	L	F	L	Q	T	R	N	Y	W	E	E	E	N	I
U	L	O	O	M	L	A	B	N	N	R	R	H	L	P
T	K	N	Y	Z	W	H	A	K	U	I	C	S	T	P
E	C	B	C	F	C	L	H	H	T	Z	H	X	A	U
R	C	F	T	E	A	E	N	N	Q	B	E	B	P	J
G	H	E	E	O	Y	N	R	V	U	X	N	T	Z	N
G	L	E	I	T	F	L	U	G	Z	E	U	G	Q	B

Wer regiert das Land? – Politik in Deutschland (1/2)

☐ Einzelarbeit ☺ ☐ Partnerarbeit ☺☺ ☐ Gruppenarbeit ☺☺☺

Wir in Deutschland leben in einer Demokratie. Das bedeutet, dass die Menschen mitentscheiden können, was in ihrem Land passiert.
Dazu dürfen alle Erwachsenen ab 18 Jahren mit einem deutschen Pass alle vier Jahre bei der Bundestagswahl Abgeordnete wählen. Diese Abgeordneten vertreten die Interessen des Volkes. Sie bilden das Parlament, das bei uns Bundestag heißt. Das Parlament wählt die Bundesregierung und entscheidet zum Beispiel über neue Gesetze. „Chef" der Bundesregierung ist eine Bundeskanzlerin oder ein Bundeskanzler. Diese Person lenkt die Richtung der Politik und wird ebenfalls alle vier Jahre neu gewählt. Die Bundeskanzlerin oder der Bundeskanzler schlägt die Bundesministerinnen und Bundesminister vor, die für einzelne Bereiche des Landes zuständig sind: für den Verkehr, die Umwelt, die Gesundheit oder auch für die Verteidigung unseres Landes.
Staatsoberhaupt von Deutschland ist die Bundespräsidentin oder der Bundespräsident. Diese Person repräsentiert Deutschland nach außen. Regierungshauptstadt von Deutschland ist Berlin. Von dort aus wird das Land regiert und verwaltet. Neben der Bundesregierung gibt es in jedem Bundesland eine eigene Landesregierung. Diese Abgeordneten regeln wichtige Dinge für das jeweilige Bundesland.

1. Finde heraus, wer zurzeit Bundeskanzlerin/Bundeskanzler von Deutschland ist.

....

2. Finde heraus, wie unser Bundespräsident/unsere Bundespräsidentin heißt.

....

3. Unterstreiche im Text die Bundesministerinnen oder Bundesminister, die für unterschiedliche Bereiche zuständig sind. Überlege mit einem Partnerkind, welche Aufgaben diese Personen haben. Ihre Namen verraten schon viel! Schreibt auf die Rückseite.

DIGI-CHECK

„Politik in Deutschland"
Teste dein Wissen.
QR-Code scannen und los geht's!

Wer regiert das Land? – Politik in Deutschland (2/2)

☐ Einzelarbeit ☺ ☐ Partnerarbeit ☺☺ ☐ Gruppenarbeit ☺☺☺

Wenn du ein noch größerer Politik-Profi werden möchtest, dann scanne die QR-Codes und sieh dir die Erklärfilme an.

Wer hat in Deutschland das Sagen?

Wie wird man Bundeskanzler oder Bundeskanzlerin?

Was ist Demokratie?

Was ist das Parlament?

Was ist der Deutsche Bundestag?

© philipus – stock.adobe.com

Der Reichstag in Berlin

© kameraauge – stock.adobe.com

Das Bundeskanzleramt in Berlin

Millionen Menschen leben hier

☐ Einzelarbeit ☺ ☒ Partnerarbeit ☺☺ ☒ Gruppenarbeit ☺☺☺

Insgesamt leben etwa 84,6 Millionen Menschen in Deutschland. Die genaue Zahl schwankt ständig, da Menschen sterben, Babys geboren werden sowie Menschen ins Land ein- oder auswandern. Dabei gibt es in Deutschland fast gleich viele Männer und Jungen wie Frauen und Mädchen. Die Bundesrepublik zählt zu den dichtbesiedelsten Staaten Europas. Das bedeutet, dass auf einer relativ kleinen Fläche sehr viele Menschen leben. Knapp 24 Millionen Menschen in unserem Land haben einen sogenannten „Migrationshintergrund". Das heißt, dass sie zum Beispiel nicht in Deutschland geboren wurden oder dass sie einen Vater oder eine Mutter haben, die aus einem anderen Land kommen und nach Deutschland eingewandert sind. Manchmal sind auch beide Elternteile aus einem anderen Land.
Menschen, die nach Deutschland kommen, haben unterschiedliche Gründe. Die häufigsten Gründe sind Flucht vor Krieg oder Flucht aus einem Land, in dem Menschen wenige Rechte, kaum Schutz oder sehr schlechte Lebensbedingungen haben. Viele Menschen kommen auch, um hier arbeiten zu können oder weil schon Familienangehörige hier wohnen und sie wieder zusammen sein wollen. Viele Menschen kommen aus Ländern wie der Ukraine, Rumänien, Polen, der Türkei, Bulgarien und Syrien. Eingewanderte Menschen, die schon sehr lange in Deutschland leben, können die deutsche Nationalität annehmen. Sie bekommen dann einen deutschen Pass und werden deutsche Staatsbürgerinnen und Staatsbürger.

1. Findet in eurer Klasse heraus, wie viele Kinder nicht in Deutschland geboren wurden oder wer Eltern, Großeltern oder andere Verwandte hat, die aus einem anderen Land kommen. Schreibt die Länder auf.

....

....

....

2. Male dich mit deinen Freundinnen und Freunden zu der Menschenkette. Schreibt eure Namen dazu.

Kinder: Anja Boretzki

HALLO

Verschieden sein ist gut!

☐ Einzelarbeit ☺ ☒ Partnerarbeit ☺☺ ☒ Gruppenarbeit ☺☺☺

Stellt euch vor:
Alle Kinder in eurer Klasse sehen genau gleich aus, tragen die gleiche Kleidung, haben den gleichen Schulranzen, den gleichen Bleistift. Alle haben das gleiche Frühstück dabei und das jeden Tag. Auch eure Eltern würden mit der gleichen Kleidung am Schultor auf euch warten. Alle Eltern kochen jeden Tag das gleiche Mittagessen. Manchmal geht ihr mit den falschen Eltern nach Hause, da ihr es nicht bemerkt habt. Alle Kinder schauen jeden Tag den gleichen Film – jeden Tag.
Langweilig? Eine schreckliche Vorstellung? Und wie!

Daher ist es gut, dass wir alle anders aussehen, andere Dinge mögen und auch unterschiedlich denken. Nur so können wir uns gegenseitig helfen und Freundinnen und Freunde finden, die genau zu uns passen. So wird es nie langweilig und wir entdecken immer wieder neue Sachen. Zum Glück ist es in Deutschland erlaubt, so zu sein, wie man möchte. Alle dürfen anziehen, was sie schön finden, ihre Meinung sagen, lieben, wen sie möchten, in einem anderen Land geboren sein, einen eigenen Glauben haben … Dabei ist es wichtig, dass man auch die Art, das Aussehen und die Meinung der anderen respektiert – auch wenn sie ganz anders ist.

1. **Macht den Freundschafts-Check. Macht eine Liste mit 5 Dingen, die bei euch gleich sind. Sucht dann 5 Dinge, die bei euch verschieden sind – und trotzdem an eurer Freundschaft nichts ändern. Die Satzanfänge im Kasten helfen.**

2. **Dass jeder Mensch so sein darf, wie er möchte, gehört sogar zu den Menschenrechten! Informiere dich dazu.**

Mein Lieblingsfach ist …
Habe ich Geschwister? …
Mein Lieblingsessen ist …
Meine Lieblingskleidung ist …
Ich habe Verwandte aus diesem Land …
Ich kann gut …
Ich kann nicht …
Habe ich eine Religion? …
Ich wohne …
Mein größter Wunsch ist …

Was Menschenrechte sind, erfahrt ihr hier …
QR-Code scannen und los geht's!

DIGI-CHECK
„Woher kommt dieses Lebensmittel?"
Teste dein Wissen.
QR-Code scannen und los geht's!

Es ist gut, dass Menschen verschieden sind. Damit ist nicht nur das Aussehen gemeint. Manchen Menschen fällt es schwer, andere Meinungen, andere Religionen oder Menschen aus anderen Ländern zu akzeptieren. Zum Glück sind die meisten Menschen in Deutschland aber offen, gehen respektvoll miteinander um und schauen gern über die Grenzen von Deutschland hinaus! Denn sonst würden uns zum Beispiel auch viele leckere Lebensmittel fehlen.

Hello – Salem! Eine Sprachen-Scheibe

☐ Einzelarbeit ☺ ☐ Partnerarbeit ☺☺ ☐ Gruppenarbeit ☺☺☺

Mithilfe dieser Scheibe kannst du einige deutsche Wörter in fremde Sprachen übersetzen und plötzlich auf Türkisch, Englisch oder Ukrainisch Freunde und Freundinnen begrüßen. Vielleicht gibt es in deiner Klasse Kinder, die eine andere Sprache sprechen und dir weitere Wörter in ihrer Sprache verraten.

Du brauchst:
- vergrößerte Kopie der beiden Scheiben auf festem Karton
- farbige Stifte
- Schere
- Musterbeutelklammer
- spitzen Gegenstand (z. B. Prickelnadel)

So geht es:
1. Male die Scheibe farbig an.
2. Schneide beide Scheiben aus.
3. Bohre in die Mittelpunkte der Kreise Löcher.
4. Lege die Scheiben richtig übereinander.
5. Befestige sie mit der Musterbeutelklammer.

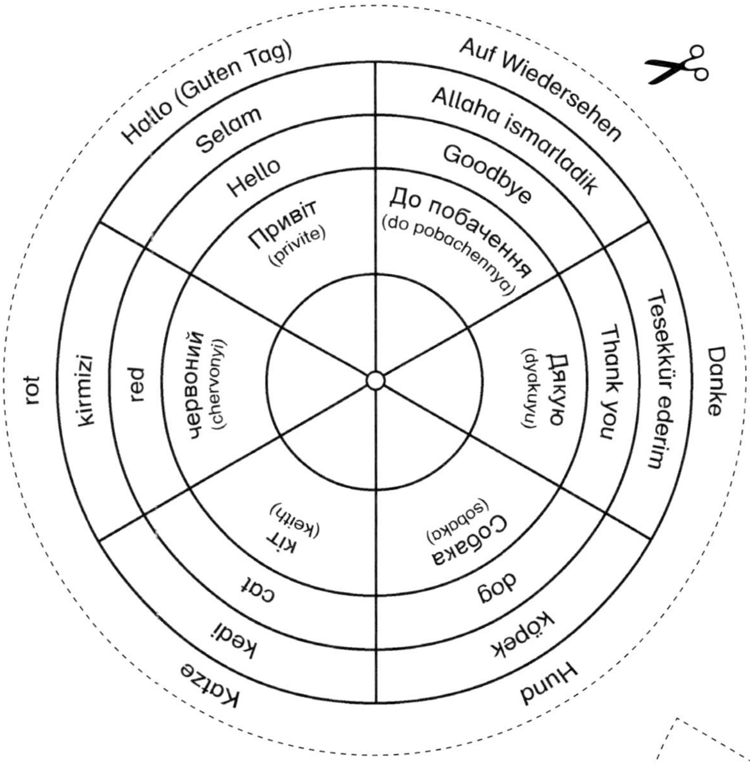

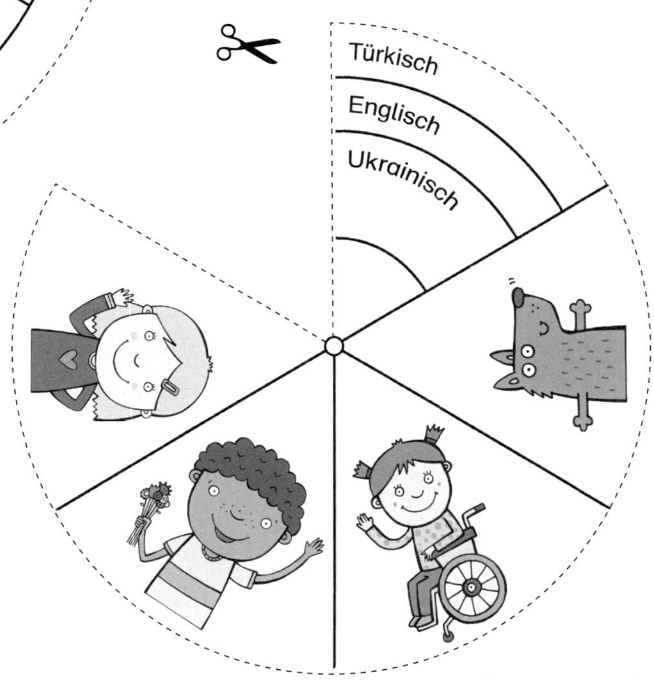

Illustrationen: Anja Boretzki

Deutsche Großstädte

☐ Einzelarbeit ☺ ☐ Partnerarbeit ☺☺ ☐ Gruppenarbeit ☺☺☺

Eine Stadt ist eine Großstadt, wenn sie mehr als 100 000 Einwohnerinnen und Einwohner hat. In Deutschland gibt es etwa 80 Großstädte. Städte mit mehr als einer Million Einwohnerinnen und Einwohnern werden auch als Millionenstadt bezeichnet. Auf einer Landkarte sind große Städte häufig mit einem roten Punkt oder Fleck markiert. Kleinere Städte erkennst du an schwarzen oder weißen Punkten.

1. **In der Tabelle siehst du zehn deutsche Städte mit den meisten Einwohnerinnen und Einwohnern. Die Städte sind von Norden nach Süden geordnet. Schaue dir die Daten genau an.**
2. **Suche die Städte aus der Tabelle auf einer Landkarte.**

Stadt	Einwohnerzahl
Hamburg	ca. 1 892 000
Berlin	ca. 3 766 000
Leipzig	ca. 617 000
Dortmund	ca. 593 000
Essen	ca. 585 000
Düsseldorf	ca. 629 000
Köln	ca. 1 082 000
Frankfurt am Main	ca. 777 000
Stuttgart	ca. 630 000
München	ca. 1 510 000

3. **Überlege mit einem Partnerkind oder in einer kleinen Gruppe, warum die Einwohnerzahl nur ungefähre Zahlen sind (ca. = circa). Schreibt eure Erklärungen auf.**

....

....

....

4. **Ordne die zehn Städte nach ihrer Einwohnerzahl. Schreibe sie geordnet in dein Heft. Beginne mit der Stadt mit den meisten Einwohnerinnen und Einwohnern. Schreibe so:**

   Berlin: 3 766 000 Einwohnerinnen und Einwohner

5. **Wie viele Einwohnerinnen und Einwohner hat dein Wohnort? Finde es heraus. Ist dein Wohnort eine Großstadt?**

   Mein Wohnort heißt: ....

   So viele Menschen leben hier: ....

   Mein Wohnort ist eine Großstadt: ☐ ja ☐ nein

Sehenswürdigkeiten in Deutschland

☐ Einzelarbeit ☺ ☐ Partnerarbeit ☺☺ ☐ Gruppenarbeit ☺☺☺

In Deutschland kann man viel entdecken. So reisen nicht nur Menschen aus Deutschland durch das Land, um tolle Sehenswürdigkeiten zu besichtigen. Es kommen auch Menschen aus aller Welt, um sich Deutschland anzuschauen.

1. Verbinde die Bilder der Sehenswürdigkeiten mit den richtigen Namen und Kurzerklärungen. Schreibe den passenden Buchstaben zur entsprechenden Zahl unten.

1	**2**	**3**	**4**	**5**

A	F	N	H	E
Der **Kölner Dom** ist die zweithöchste Kirche Deutschlands.	Das **Schloss Neuschwanstein** sieht wie im Märchen aus und steht in Bayern.	Das **Brandenburger Tor** steht in Berlin.	Die **Bronzestatue der Bremer Stadtmusikanten** ist ein Wahrzeichen von Bremen.	Die **Semperoper** ist das bekannteste Opernhaus Deutschlands in Dresden.

Wenn du richtigliegst, kommt am Ende ein Lösungswort heraus. Diese Sehenswürdigkeit ist in Hamburg sehr beliebt und lockt viele Touristinnen und Touristen an.

Lösungswort: ....
1 2 3 4 5

Sehenswürdigkeit in Hamburg
QR-Code scannen und schau sie dir an!
© 360degreeAerial – Shutterstock.com

2. Welche weiteren Sehenswürdigkeiten in Deutschland kennst du oder hast du schon einmal besucht?

....

....

Unsere Hauptstadt Berlin

☐ Einzelarbeit ☺ ☐ Partnerarbeit ☺☺ ☐ Gruppenarbeit ☺☺☺

Berlin ist die Hauptstadt der Bundesrepublik Deutschland. Sie ist riesengroß. Sie ist die größte Stadt in Deutschland. Dort wohnen fast 3,9 Millionen Menschen. Berlin ist nicht nur die Hauptstadt Deutschlands, sondern ein eigenes Bundesland. Der Regierungssitz Deutschlands befindet sich in Berlin. Dort gibt es den Bundestag. So nennt man über 700 gewählte Politikerinnen und Politiker, die viele Themen für Deutschland besprechen und wichtige Entscheidungen treffen. Das Land wird also von Berlin aus regiert und verwaltet. Berlin hat viele Sehenswürdigkeiten. Daher kommen auch viele Touristinnen und Touristen in die Stadt.

Schaue dir die 5 Berliner Sehenswürdigkeiten an.
Einige Namen sind durcheinandergeraten. Schreibe die geschüttelten Buchstaben in der richtigen Reihenfolge auf.

© philipus – stock.adobe.com

Reichstagsgebäude

© msw – stock.adobe.com

Berliner ruaeM

....

© flashpics – stock.adobe.com

urershFnetm

....

© Daniel.Petras14 – Shutterstock.com

chsloSs Charlottenburg

....

© artpost – stock.adobe.com

Siegessäule

DIGI-CHECK
„Berliner Sehenswürdigkeiten"
Teste dein Wissen.
QR-Code scannen und los geht's!

Die Berliner Mauer

☐ Einzelarbeit ☺ ☐ Partnerarbeit ☺☺ ☐ Gruppenarbeit ☺☺☺

Nach dem 2. Weltkrieg, der von 1939 bis 1945 dauerte, war Deutschland in zwei Teile geteilt: im Westen in die Bundesrepublik Deutschland (BRD) und im Osten in die Deutsche Demokratische Republik (DDR). Die Grenze zwischen den beiden Teilen Deutschlands war knapp 1 400 km lang. Von 1961 bis 1989/1990 trennte eine Mauer sogar die Stadt Berlin.
So konnten Menschen nicht mehr von West nach Ost oder umgekehrt. Die Mauer wurde auf der östlichen Seite bewacht, damit niemand darüberklettern konnte. Die Menschen aus Ostdeutschland durften sich der Mauer nicht nähern. Sie konnten sogar erschossen werden, wenn sie versuchten, von Ost- nach Westberlin zu fliehen. In Westberlin wurde die Mauer bunt angemalt und besprüht. So wollten die Menschen zeigen, dass sie gegen die Mauer und die Trennung der Menschen waren. Über 28 Jahre trennte die Mauer die Stadt und auch die beiden Teile Deutschlands, bis es endlich zu einer Wiedervereinigung beider Teile kam.
Deshalb feiern wir heute immer am 3. Oktober den Tag der Deutschen Einheit. Ein Teil der bunt bemalten Mauer steht bis heute – aber nicht als Trennung, sondern als Kunstwerk und zur Erinnerung.

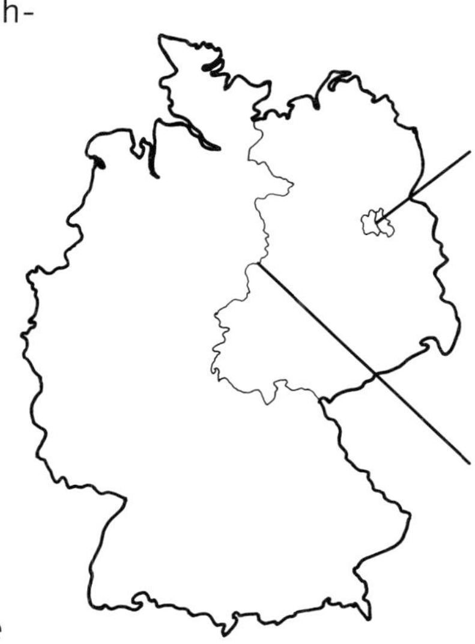

1. **Stelle dir vor, durch eure Stadt oder euer Dorf wird eine Mauer gebaut. Wen könntest du dann nicht mehr wiedersehen? Welche Gefühle hast du bei dem Gedanken? Tausche dich mit deinem Nachbarkind aus. Schreibe Stichworte auf:**

....

....

....

....

....

2. **Male das Mauerstück bunt an. Male ein Bild zum Beispiel über Frieden, Freundschaft, Familie, Verbundenheit oder auch Freiheit.**

Das Brandenburger Tor in Berlin

☐ Einzelarbeit ☺ ☐ Partnerarbeit ☺☺ ☐ Gruppenarbeit ☺☺☺

Das **Brandenburger Tor** ist eine Sehenswürdigkeit in Berlin. Es wurde von 1788–1791 von Carl Gotthard Langhans erbaut. Es ist über 20 m hoch und über 60 m breit. Wenn du weißt, dass eine normale Tür etwa 2 m hoch ist, dann kannst du dir die Größe gut vorstellen. Oben auf dem Tor befindet sich ein Wagen auf Rädern. Er wird von vier Pferden gezogen. So einen Wagen nennt man Quadriga. Die Siegesgöttin Victoria, eine Frauenfigur, steht auf dem Wagen. Das Brandenburger Tor sollte einen prunkvollen Zugang zur Stadt Berlin bilden. Als es gebaut wurde, war Berlin noch die bedeutendste Stadt des preußischen Königreichs und hatte einen König.

© kameraauge – stock.adobe.com

Nach dem 2. Weltkrieg wurde Deutschland in zwei Teile geteilt: in die Bundesrepublik Deutschland (BRD) im Westen und in die Deutsche Demokratische Republik (DDR) im Osten des Landes. Auch die Stadt Berlin wurde geteilt. Damit die Menschen nicht von Ostberlin nach Westberlin gehen konnten, wurde eine Mauer erbaut. Die Mauer führte direkt am Brandenburger Tor vorbei, sodass niemand hindurchgehen konnte.
Als 1990 die beiden Teile Deutschlands wieder vereint wurden, wurde das Tor wieder geöffnet. Im Jahre 1990 fand am Brandenburger Tor deshalb eine große Feier statt. Seitdem ist das Tor ein Symbol der deutschen Wiedervereinigung.

Bastele ein eigenes Brandenburger Tor. Stelle es in der Schule oder zu Hause aus. Erkläre den anderen, warum es ein Symbol der deutschen Wiedervereinigung ist.

Du brauchst:

- Bastelmodell Brandenburger Tor (S. 44), auf festeres Papier kopiert
- feste Pappe (DIN A5)
- Buntstifte
- Schere
- Klebestift

So geht es:

1. Male alle Teile an.
2. Schneide alle Teile mit der Schere sowie die schraffierten Innenteile aus.
3. Knicke die Klebeflächen nach hinten und klebe sie auf die Pappe.

Bastelmodell Brandenburger Tor

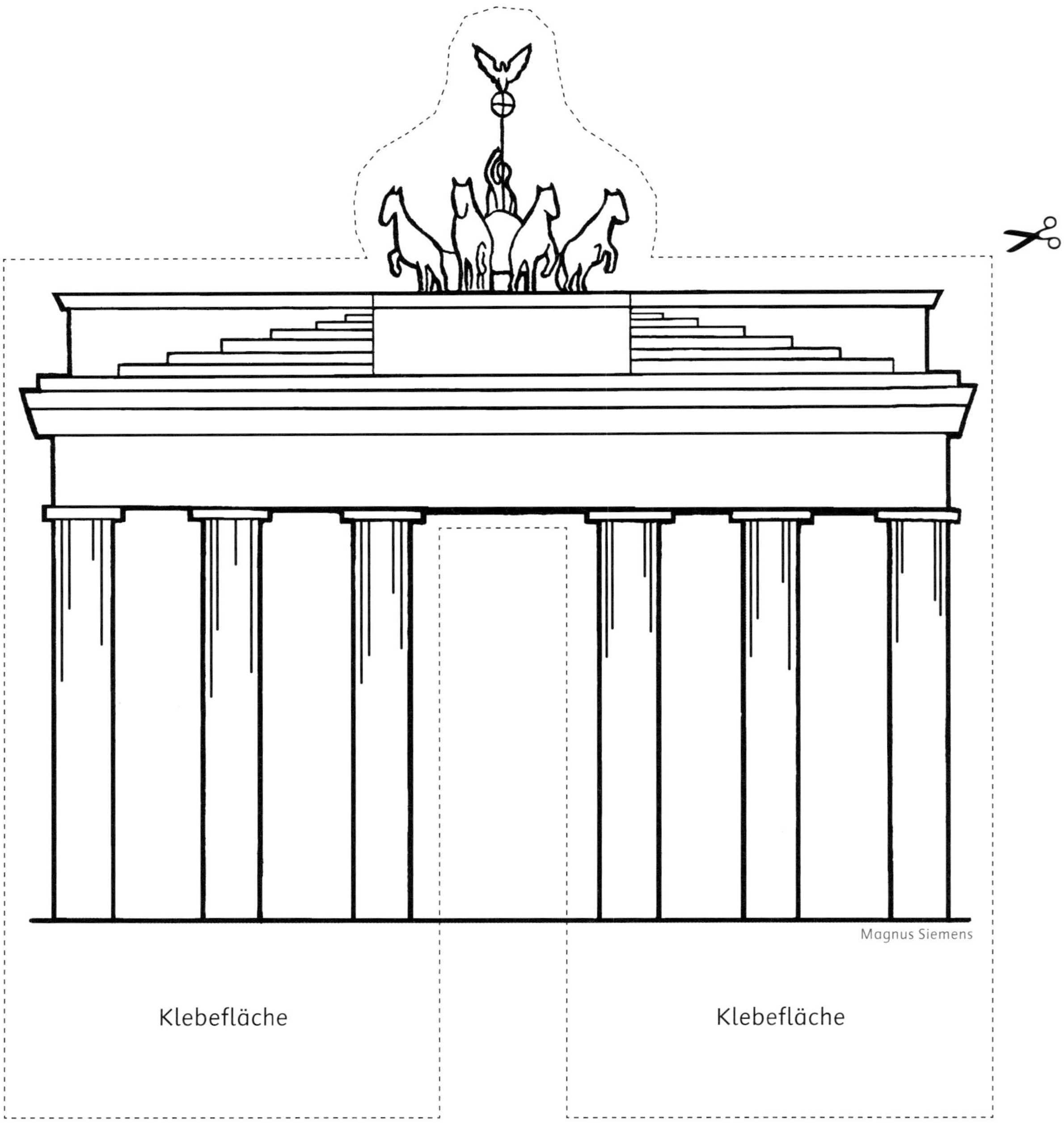

Magnus Siemens

Mein Wohnort – Ein Steckbrief

☐ Einzelarbeit ☺ ☐ Partnerarbeit ☺☺ ☐ Gruppenarbeit ☺☺☺

Schreibe einen Steckbrief für den Ort, an dem du wohnst. Male anschließend ein Bild von deinem Wohnort auf die Rückseite dieses Blattes.

Der Ort, in dem ich wohne, liegt in **Deutschland**.

So heißt er: ....

Er liegt im **Bundesland** ....

Folgende **Bundesländer** sind direkte Nachbarn: ....

....

....

Deutschlands **Nachbarstaat** ....
liegt meinem Heimatort am nächsten.
In meinem Wohnort leben ungefähr .... **Menschen**.
So heißen die **großen Städte** in der Nähe meines Wohnorts:

....

....

Diese **Flüsse** fließen durch meinen Heimatort oder daran vorbei:

....

Dieses **Gebirge** liegt am nächsten: ....

So sehen die **Autokennzeichen** hier aus: ....

Sie stehen für ....

Diesen **Dialekt** sprechen einige Menschen in meinem Wohnort:

....

Folgende **Sehenswürdigkeiten** gibt es hier: ....

....

Ich finde meinen Wohnort **gut, weil** … ....

....

Ich finde meinen Wohnort **nicht so gut, weil** … ....

....

Die vier Großlandschaften Deutschlands

☐ Einzelarbeit ☺ ☐ Partnerarbeit ☺☺ ☐ Gruppenarbeit ☺☺☺

Die Landschaft in Deutschland ist sehr abwechslungsreich. Man kann sie in vier Großräume oder auch Zonen einteilen. Von oben nach unten, also von Norden nach Süden, nennt man sie:

1. das Norddeutsche Tiefland
2. die Mittelgebirgszone
3. das Alpenvorland
4. die Alpen

Wie die gedachten Linien verlaufen, zeigt dir die Karte. Diese Einteilung hat mit der Höhe der Region zu tun. Wie hoch die einzelnen Landschaften verlaufen, zeigt dir die Tabelle:

....

....

....

....

Großlandschaft:	Norddeutsches Tiefland	Mittelgebirgszone	Alpenvorland	Alpen
Höhe:	bis 200 m	500 – 1 500 m	300 – 800 m	1 500 – 3 000 m

1. **Male die Zone des Norddeutschen Tieflands grün, die Mittelgebirgszone hellbraun, das Voralpenland braun und die Alpen dunkelbraun.**
2. **Schreibe die Namen der Zonen auf die richtigen Linien.**
3. **In welcher Zone liegt dein Wohnort? Schaue auf einer Landkarte nach und markiere deinen Wohnort so genau wie möglich auf der Karte oben mit einem Sternchen.**
4. **Schaue dir die Höhentabelle an und erkläre sie mit deinen Worten. Schreibe auf die Rückseite.**

Die Großlandschaften und ihre Besonderheiten

☐ Einzelarbeit ☺ ☐ Partnerarbeit ☺☺ ☐ Gruppenarbeit ☺☺☺

Die vier Großlandschaften, nämlich das Norddeutsche Tiefland, die Mittelgebirgszone, das Alpenvorland und die Alpen, unterscheiden sich nicht nur durch ihre unterschiedlichen Höhen. Jede Region hat ihre Besonderheiten.

Da der **Norden Deutschlands** eher flach ist, wird er Tiefland genannt. Dort gibt es viele Seen. Zudem grenzen dort die Nord- und Ostsee an Deutschland an. In der Nord- und Ostsee gibt es in Küstennähe viele Inseln. In Norddeutschland gibt es viele Heidelandschaften und Moore.

Das **Landesinnere** oder, einfacher gesagt, die Mitte Deutschlands hat viele Laub- und Nadelwälder sowie einige mittelhohe Gebirge. Daher kommt auch der Name Mittelgebirgszone.

Im **Süden Deutschlands** kannst du sowohl in Hochebenen wandern als auch in den Alpen bergsteigen. Den höchsten Berg der deutschen Alpen, die Zugspitze, erreicht man per Zahnrad- oder Seilbahn. Im Winter ist diese Region Deutschlands bei Skifahrerinnen und Skifahrern und anderen Wintersportlerinnen und Wintersportlern sehr beliebt. Auch im Süden gibt es viele Seen.

Kreuze alle richtigen Sätze an. Die Buchstaben dahinter ergeben ein Lösungswort, wenn du es von oben nach unten liest.

a) Überall in Deutschland sieht es gleich aus. ☐ **S**
b) Die Landschaft ist in Deutschland sehr verschieden. ☐ **A**

a) Der Norden Deutschlands ist eher flach. ☐ **L**
b) Der Norden Deutschlands ist sehr gebirgig. ☐ **R**

a) Nord- und Ostsee liegen im Süden des Landes. ☐ **E**
b) Im Norden kannst du Ost- und Nordsee finden. ☐ **P**

a) Im Landesinneren von Deutschland gibt es viele Wälder. ☐ **E**
b) In Mitteldeutschland wachsen kaum Bäume. ☐ **L**

a) In Süddeutschland kann man Ski fahren, aber auch in Seen baden. ☐ **N**
b) Im Süden Deutschlands gibt es keine Seen, sondern nur Berge. ☐ **S**

Lösungswort: ....

DIGI-CHECK

„Großlandschaften – Was stimmt?"

Teste dein Wissen.

QR-Code scannen und los geht's!

Die fünf längsten Flüsse in Deutschland
Infotext (1/3)

☐ Einzelarbeit ☺ ☐ Partnerarbeit ☺☺ ☐ Gruppenarbeit ☺☺☺

Auch die **Elbe** ist eine wichtige **Wasserstraße**. Sie entspringt im **Riesengebirge**, welches in **Tschechien** liegt. 727 km des 1 094 km langen Flusses liegen in Deutschland. Die Elbe fließt durch **Hamburg** und mündet bei der Stadt Cuxhaven in die Nordsee.

Die **Weser** entsteht aus zwei Flüssen, **Fulda** und **Werra**, die bei der Stadt Hannoversch Münden zusammenfließen. Bei der Stadt **Bremerhaven** mündet die Weser in die **Nordsee**. Der Fluss durchfließt Deutschland auf einer Länge von 440 km.

Anja Boretzki

Der **Rhein** ist der längste Fluss in Deutschland. Seine Quelle ist in der Schweiz. In Deutschland verläuft der Rhein von der Schweizer Grenze im Süden bis zur **niederländischen Grenze** im Nordwesten. In den Niederlanden fließt er schließlich in die **Nordsee**. Insgesamt ist er 1 233 km lang, aber nur etwa 865 km liegen davon in Deutschland. Auf dem Rhein fahren viele Frachtschiffe und transportieren internationale Waren.

Der **Main** ist ein Nebenfluss des Rheins und fließt nur durch Deutschland. Er mündet bei der Stadt **Mainz** in den **Rhein**. Zwei Flüsse, **Roter** und **Weißer Main**, fließen im Fichtelgebirge in Deutschland zusammen und bilden den 524 km langen Fluss.

Die **Donau** ist der zweitlängste Strom Europas. Sie ist insgesamt ca. 2 850 km lang, jedoch nur etwa 647 km liegen in Deutschland. Die Donau entspringt aus den beiden **Quellflüssen Brigach** und **Breg** im Schwarzwald. Sie durchquert mehrere Länder und mündet schließlich ins **Schwarze Meer**. Auf diesem langen Wasserweg werden viele Waren durch Europa transportiert.

Die fünf längsten Flüsse in Deutschland
Tabelle (2/3)

☐ Einzelarbeit ☺ ☐ Partnerarbeit ☺☺ ☐ Gruppenarbeit ☺☺☺

Viele Flüsse, die durch Deutschland fließen, haben ihre Quelle in anderen Ländern. Sie starten oft als kleiner Bach und werden immer größer. Manche Flüsse entstehen auch nur, weil kleinere Flüsse als neuer Fluss zusammenfließen.
Alle Flüsse enden irgendwo, das nennt man „münden". Manche Flüsse fließen in einen anderen Fluss oder ins Meer.

Anja Boretzki

1. **Lies dir die Texte „Die fünf längsten Flüsse in Deutschland" (S. 48) genau durch.**
2. **Fülle die Tabelle aus.**

Name des Flusses	Quelle/ Entstehung	Mündung	Länge insgesamt	Länge in Deutschland
Rhein				
Main				
Donau				
Elbe				
Weser				

DIGI-CHECK
„Unsere Flüsse – Gewusst wo!"
Teste dein Wissen.
QR-Code scannen und los geht's!

Die fünf längsten Flüsse in Deutschland
Karte (3/3)

☐ Einzelarbeit ☺ ☐ Partnerarbeit ☺☺ ☐ Gruppenarbeit ☺☺☺

1. Lies dir die Texte „Die fünf längsten Flüsse in Deutschland“ (S. 48) durch. Beschrifte die Flüsse auf der Karte mit den richtigen Namen.
2. Male die Flüsse blau an.
3. Zeichne die Fließrichtung des Wassers der Flüsse vom Beginn (zum Beispiel die Quelle) bis zum Fluss-Ende (Mündung) ein. Du kannst aber nicht bei jedem Fluss die Quelle und die Mündung auf der Karte sehen.
4. Wähle einen Fluss aus. Schreibe auf, durch welche Bundesländer er fließt.

Fluss: ....

Bundesländer: ....

....

....

Seen in Deutschland

☐ Einzelarbeit ☺ ☐ Partnerarbeit ☺☺ ☐ Gruppenarbeit ☺☺☺

Der größte See in Deutschland ist der **Bodensee**. Er ist über 536 km² groß und liegt im Süden des Landes. Der zweitgrößte See ist im Nordosten die **Müritz**. Sie ist jedoch viel kleiner. Sie ist nur etwa 110 km² groß. Die Müritz würde daher fast 5-mal in den Bodensee hineinpassen. Ein weiterer großer See ist der Chiemsee. Er hat eine Größe von etwa 80 km² und liegt im Südosten Deutschlands. Den **Schweriner See** findest du in Norddeutschland. Er ist etwa 61 km² groß. Etwas kleiner ist der **Starnberger See** im Süden des Landes. Seine Größe beträgt 56 km² und du findest ihn im Bundesland Bayern. Auch der **Ammersee** mit einer Größe von ungefähr 46 km² liegt in Bayern. Viele Seen werden zum Baden, Segeln, Surfen oder auch Angeln genutzt.

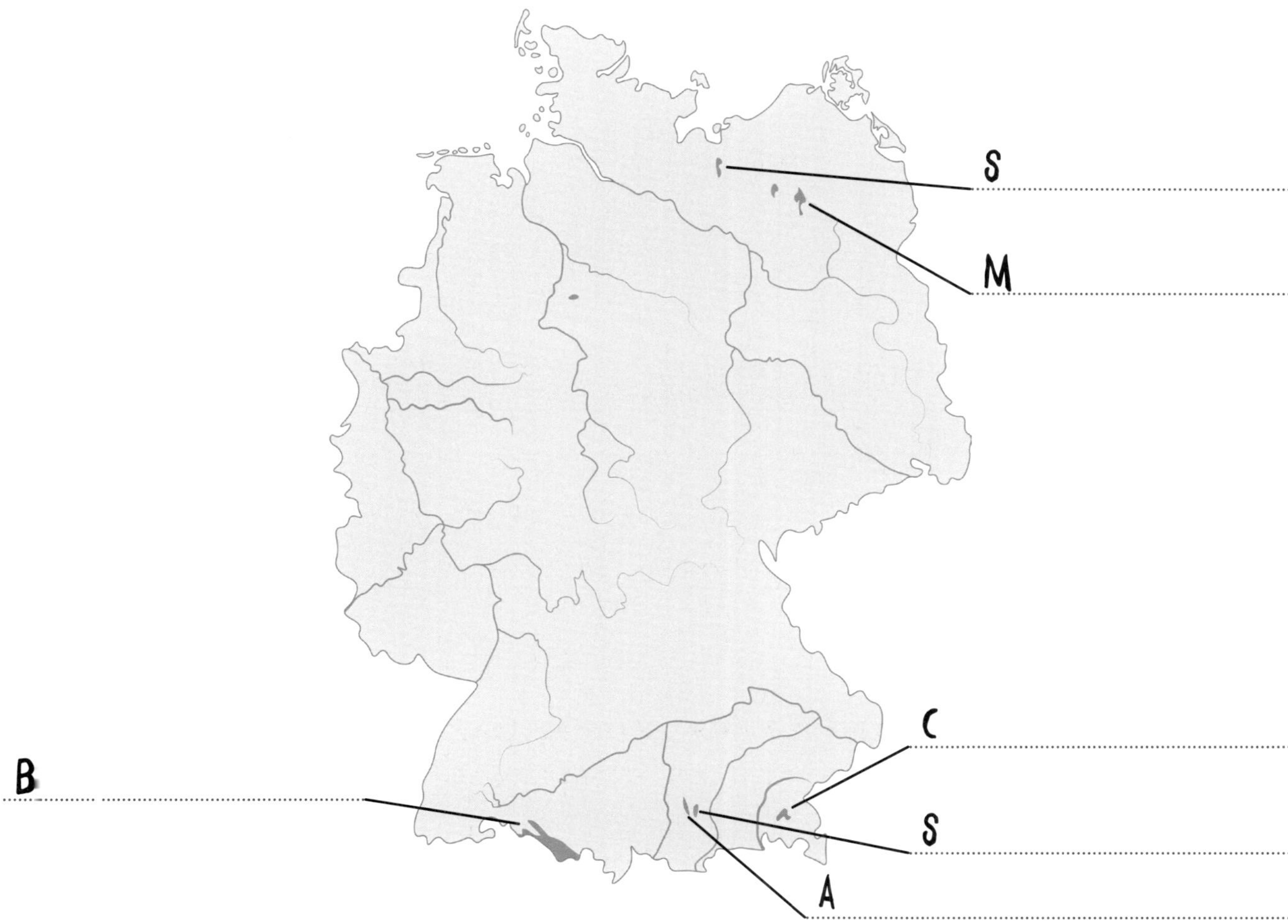

1. **Lies dir den Text genau durch.**
2. **Beschrifte die Seen auf der Karte.**
3. **Male die Seen blau nach.**

DIGI-CHECK

„Unsere Seen – Gewusst wo!“

Teste dein Wissen.

QR-Code scannen und los geht's!

Die 12 größten Seen in Deutschland

☐ Einzelarbeit ☺ ☐ Partnerarbeit ☺☺ ☐ Gruppenarbeit ☺☺☺

Im Rätsel haben sich die 12 größten Seen Deutschlands versteckt.

Bodensee (ca. 536 km²)
Müritz (ca. 110 km²)
Chiemsee (ca. 80 km²)
Schweriner See (ca. 61 km²)
Starnberger See (ca. 56 km²)
Ammersee (ca. 46 km²)
Plauer See (ca. 38 km²)
Kummerower See (ca. 32 km²)
Steinhuder Meer (ca. 29 km²)
Großer Plöner See (ca. 29 km²)
Schaalsee (ca. 23 km²)
Selenter See (ca. 22 km²)

Die Wörter können von oben nach unten ↕ und von links nach rechts ↔ geschrieben sein. **!**

ö = oe ü =ue ß = ss

R	G	K	R	T	U	O	I	R	G	G	O	I	B	E	S	X
S	G	U	A	S	I	Z	R	K	S	R	S	Q	T	N	H	T
P	G	M	X	T	Y	W	Y	K	B	O	C	Q	N	U	U	A
V	J	M	I	A	N	M	M	T	O	S	H	T	R	G	S	L
H	V	E	L	R	K	U	N	X	D	S	A	H	G	N	E	M
Q	G	R	T	N	L	E	O	T	E	E	A	O	R	Y	L	O
G	B	O	P	B	Q	R	L	B	N	R	L	K	L	V	E	U
U	G	W	A	E	X	I	F	S	S	P	S	E	G	P	N	G
V	U	E	R	R	T	T	A	I	E	L	E	R	M	T	T	U
O	A	R	A	G	D	Z	Q	L	E	O	E	D	Q	U	E	Z
I	K	S	T	E	I	N	H	U	D	E	R	M	E	E	R	R
P	H	E	I	R	A	V	H	W	T	N	L	C	G	P	S	G
R	Z	E	R	S	K	O	C	H	I	E	M	S	E	E	E	Z
M	K	F	G	E	P	L	A	U	E	R	S	E	E	E	E	F
P	I	Y	K	E	A	M	M	E	R	S	E	E	A	U	C	R
Y	I	S	C	H	W	E	R	I	N	E	R	S	E	E	U	A
K	X	E	W	P	I	C	T	M	K	E	N	A	B	U	W	J

1. **Suche die im Rätsel versteckten Seen und kreise sie farbig ein.**
2. **Schreibe drei Seen auf, die es in eurer Umgebung gibt. Du kannst auch auf einer Landkarte nachschauen.**

....

....

....

Nord- und Ostsee

☐ Einzelarbeit ☺ ☐ Partnerarbeit ☺☺ ☐ Gruppenarbeit ☺☺☺

Lies dir den Text durch.
Schreibe die fehlenden Wörter in die Lücken.

Schiffe • Norden (2x) • Landschaft • Gezeiten • Flut • Wasser • baden • Abwässer • Urlaub • Ebbe • salzig

Die Nordsee grenzt im ……………………………………
und die Ostsee auch im …………………………………… an Deutschland.
Auf diesen beiden riesigen Gewässern fahren viele …………………………… .
Sie haben die unterschiedlichsten Waren geladen und steuern Ziele
auf der ganzen Welt an. An den Nordseestränden kann man
Ebbe und Flut beobachten. Diese …………………………… entstehen
dadurch, dass der Mond und die Erde sich gegenseitig anziehen.
Bei …………………………… wird das Wasser von der Küste weggezogen.
Bei …………………………… kommt es wieder zurück. An der Ostsee
sind Ebbe und Flut weniger stark ausgeprägt als an der Nordsee.
Daher hat man an einem Strand der Ostsee immer genügend
…………………………… , um darin zu …………………………… . Das Wasser
in der Nord- und der Ostsee schmeckt …………………………… .
Leider kommt es vor, dass …………………………… in die beiden
Gewässer geleitet werden. Aus diesem Grund ist das Wasser nicht immer
ganz sauber. Trotzdem verbringen viele Menschen gerne ihren
…………………………… an der Nord- und der Ostsee.
Die schöne …………………………… lädt zu
Spaziergängen und Ausflügen ein.

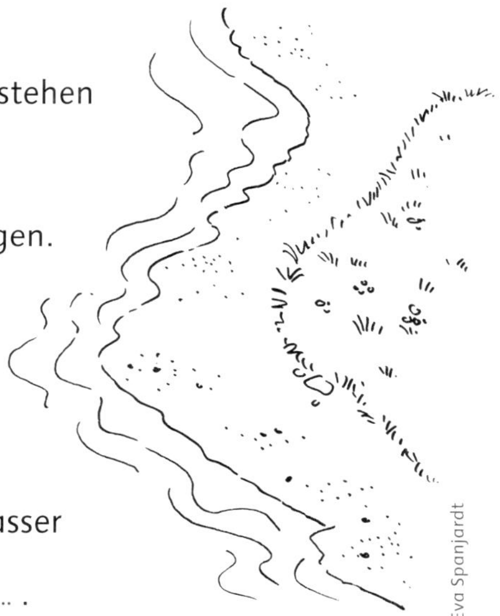

Eva Spanjardt

Gezeiten: Ebbe und Flut

QR-Code scannen und los geht's!

Gebirge und Berge in Deutschland
Karte (1/2)

☐ Einzelarbeit ☺ ☐ Partnerarbeit ☺☺ ☐ Gruppenarbeit ☺☺☺

© Rainer Lesniewski – Shutterstock.com

Gebirge und Berge in Deutschland
Infotext (2/2)

☐ Einzelarbeit ☺ ☐ Partnerarbeit ☺☺ ☐ Gruppenarbeit ☺☺☺

In Deutschland gibt es viele Gebirge mit unterschiedlich hohen Bergen. Oft heißen die Gebirge auch „Wald“. Die Gebirge fangen etwa in der Mitte Deutschlands an. Der **Schwarzwald** ist das Mittelgebirge mit der höchsten Erhebung, dem 1493 m hohen **Feldberg**. Der Name „Schwarzwald“ kommt daher, dass in den dortigen Wäldern überwiegend fast schwarze Fichten und Tannen wachsen, die wenig Licht durchlassen. Im Mittelgebirge **Bayerischer Wald** hat der höchste Berg eine Höhe von 1456 m. Er wird **Großer Arber** genannt. Ein weiteres Gebirge ist das Erzgebirge. Im **Erzgebirge** wurde früher Eisenerz gewonnen. Der höchste Berg dort heißt **Fichtelberg** und ist etwa 1215 m hoch. Im Mittelgebirge **Harz** nennt man den höchsten Berg **Brocken**. Er ist 1141 m hoch. Die **Hohe Acht** ist 747 m hoch und ist der höchste Berg des Mittelgebirges **Eifel**. Im Süden von Deutschland liegen die **Alpen**. Die Bergspitzen erreichen hier eine Höhe um 2000 m. Der höchste Berg dort heißt **Zugspitze** und ist 2962 m hoch. Ein wenig niedriger ist der **Watzmann** mit seinen 2713 m. Ein weiterer Berg in den Alpen heißt **Hochfrottspitze** und hat eine Höhe von 2649 m.

1. **Lies dir den Text gut durch.**
2. **Unterstreiche die Namen der Gebirge im Text gelb und der Berge braun.**
3. **Suche die Gebirge und Berge auf der Karte S. 54. Kreise sie passend gelb oder braun ein.**
4. **Suche auf der Karte fünf weitere Gebirge und kreise sie passend ein. Schreibe die Namen hier auf.**

....

....

....

....

....

5. **Suche fünf weitere Berge und kreise sie passend ein. Schreibe sie mit ihrer Höhe hier auf.**

....

....

....

....

....

WEITERFÜHRENDE MATERIALIEN

6 digitale Merk-Bilder für den Sachunterricht
Die Ernährungspyramide, Europa, Deutschland, Der Wasserkreislauf, Unsere Bäume, Unser Sonnensystem.
Klasse 2–4.
Verlag an der Ruhr, 2021.
ISBN 978-3-8346-4692-7

Blumhagen, Doreen:
Mein „Hier lebe ich"-Lapbook.
Kopiervorlagen zum Schneiden, Falten und Weitergestalten – Deutschland, Bundesland & Wohnort.
Klasse 2–4.
Verlag an der Ruhr, 2017.
ISBN 978-38346-3696-6

Rosenberg, Mary:
Werkstatt kompakt. Orientierung und Kartenkunde
Klasse 3–4
Kopiervorlagen mit Arbeitsblättern.
Verlag an der Ruhr, 2016.
ISBN 978-3-8346-2454-3

WISSEN UND NACHSCHAUEN

Merk-Poster
6 A1-Poster für den Sachunterricht:
Deutschland, Europa, Wasserkreislauf, Sonnensystem, Bäume, Ernährungspyramide.
Klasse 2–4.
Verlag an der Ruhr, 2018.
ISBN 978-38346-3887-8

Stahr, Christine:
Pixi Wissen 109: Deutschland: Einfach gut erklärt!
Carlsen Verlag, 2020.
ISBN 978-3-55124206-8

Weller-Essers, Andrea:
WAS IST WAS. Deutschland. Land und Leute entdecken (Band 126).
ab 8 Jahre
Tessloff Verlag, 2016.
ISBN 978-3-788621025

Engler, Lucy:
Klick und los! Digitale Unterrichtseinheiten
Artenvielfalt, Artensterben & Artenschutz – Unterricht digital.
Klasse 3–6.
Verlag an der Ruhr, 2023.
ISBN 978-3-83464-950-8